コレが

図 解
Cubase AI/LE 12だ*!*

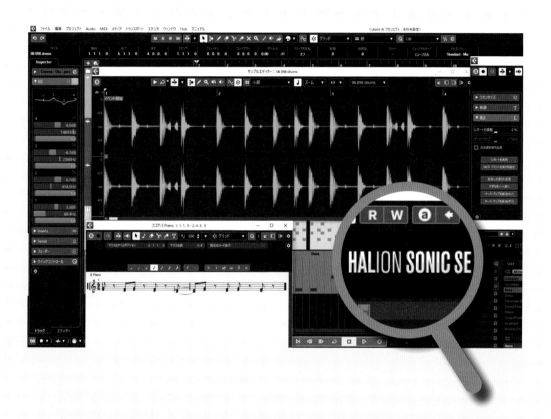

Cubase AI/LE 11 は、Cubase シリーズのなかでも **スタート**
グレード的 存在で、ハードウェアに付属する **単体では販売され**
ていない 音楽制作ソフトです。

それでもさすが Cubase シリーズを名乗るだけあって、そのポテン
シャルは **音楽制作の基本をカバーできる** ソフトです。

ここでは、そのディテールを見てみましょう。

演奏や情報を記録したり機能を割り当てたりする
「トラック」

Cubase には、扱うものに応じてさまざまなトラックが用意されています。

■インストゥルメントトラック

後述する VST インストゥルメント（内蔵ソフトウェア音源）と、演奏情報を記録する MIDI トラックがセットになったトラックです。作成するときに、音を鳴らすための VST インストゥルメントを選択します。

VST インストゥルメント「HALion Sonic SE」を鳴らすためのデータを、インストゥルメントトラックのキーエディターで作成しています。

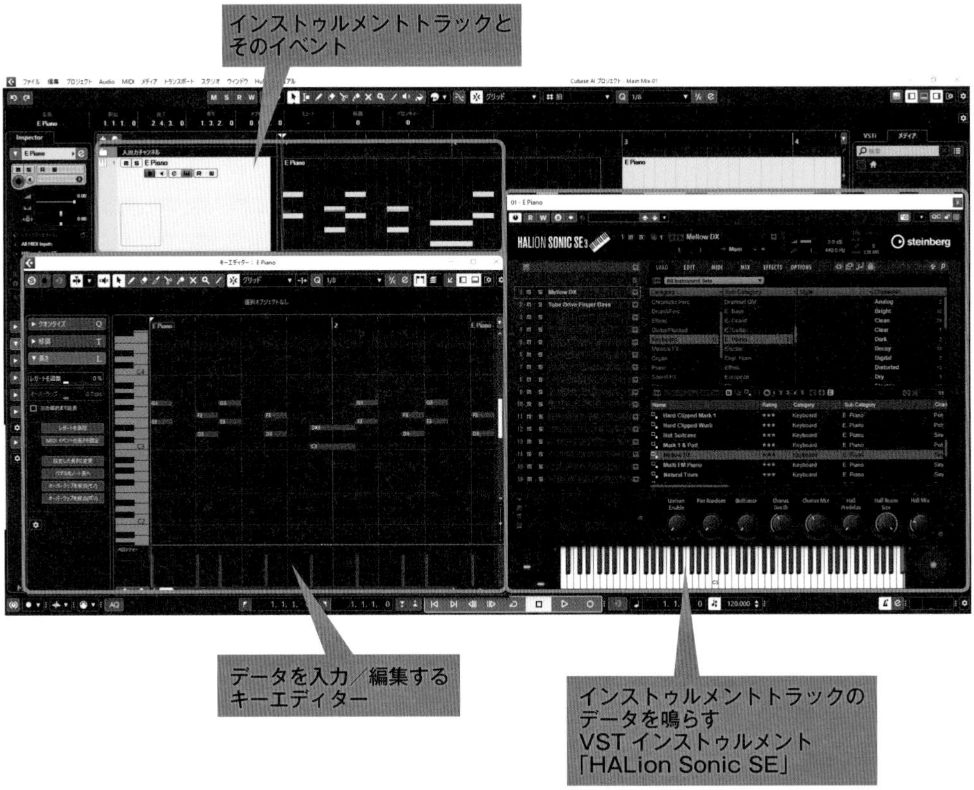

インストゥルメントトラックとそのイベント

データを入力／編集するキーエディター

インストゥルメントトラックのデータを鳴らす VST インストゥルメント「HALion Sonic SE」

■MIDI トラック

　演奏情報を記録するためのトラックです。インストゥルメントトラックとの違いは、VST インストゥルメントとセットではなく、起動している VST インストゥルメントに自由に接続できる点です。

ドラムやベース、シンセサイザーなどのパートを作成し、お気に入りの VST インストゥルメントに接続して曲を仕上げていきます。

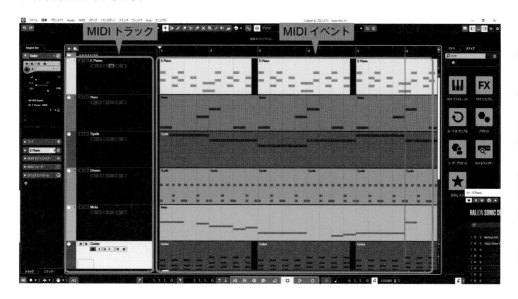

■Audio トラック

　音声を記録するためのトラックです。オーディオインターフェースに接続したマイクからの音声や、オーディオインターフェースに直接接続したギターやシンセサイザーなどの楽器の音を録音したり、あらかじめパソコン内に保存されているオーディオデータを読み込んだりすることができます。

単純にオーディオデータを録音できるのは当たり前のこと、録音ずみのデータを編集／加工して仕上げることができます。

■FX チャンネルトラック

　リバーブやディレイなど響きを加える「空間系エフェクト」を割り当てるためのトラックです。各トラックの「send（センド）」から出力された信号にエフェクトがかかる「センド-リターン」方式で多く使います。

録音ずみのボーカルトラックに、リバーブをかけて声に響きを加えます。

■フリーズトラック（フリーズ機能）

　多数の VST インストゥルメントやエフェクトを使用していると、パソコンの CPU に負荷がかかり、Cubase の動作が緩慢になることがあります。そのようなときに、トラックを一時的にオーディオに書き出して CPU の負荷を下げることを「フリーズ」、フリーズしたトラックを「フリーズトラック」と呼びます。このトラックは音量やパンなど基本的な操作以外の編集や修正はできなくなります。もとの編集／修正可能な状態に戻すには、「アンフリーズ」という操作をおこないます。

フリーズ機能により、重たかったプロジェクトの負荷が減り、快適に曲作りを続行できます。

■グループチャンネルトラック

　いくつかのトラックをまとめて操作するためのトラックです。たとえば、ドラムの各パーツを独立して作成し、まとめて音量を操作したりエフェクト処理したりするときなどに使います。

キックやスネアなど、個別に音量調整やエフェクト処理するためにトラックを分けたドラムを、「Drums」という1つのグループチャンネルトラックにまとめ、ドラム全体の音量やエフェクト処理を共有して操作できます。

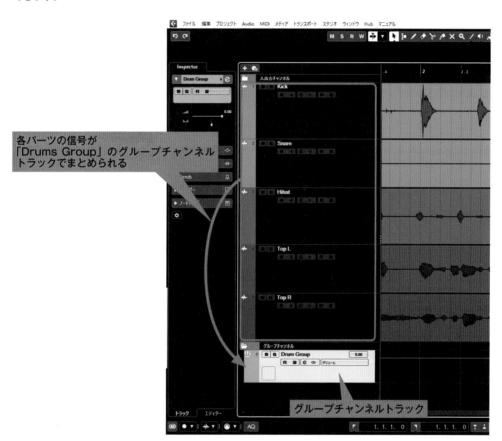

各パーツの信号が
「Drums Group」のグループチャンネル
トラックでまとめられる

グループチャンネルトラック

■コードトラック

　コードを記録するトラックです。コード名を入力すると、その構成音を鳴らしたり、データとして出力したりすることもできます。

コードの知識がなくても、コードネームさえ入力すれば、曲作りに生かすことができます。

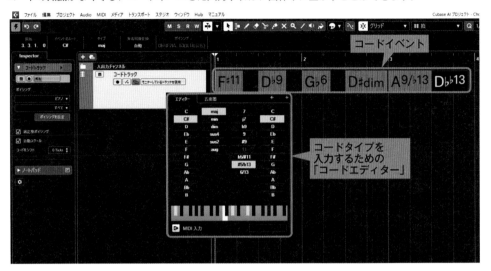

■その他のトラック

　上記以外にもビデオを読み込む「ビデオトラック（要・QuickTime）」、トラックそのものをフォルダーに入れて管理する「フォルダートラック」、マーカーを入力して曲のセクションを管理する「マーカートラック」、小節や拍、または時間を表示する「ルーラートラック」などが用意されています。

データそのものを入力するトラックだけではなく、大規模なプロジェクトや曲の管理をおこなう、いわば縁の下の力持ち的なトラックが用意されています。

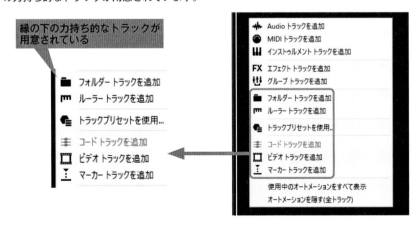

演奏（MIDI）データやオーディオデータを収納する
「イベント」

　Cubase では、音を鳴らすためのデータや録音したオーディオデータを「イベント」という
かたまりで収納し再生します。イベントはドラッグして移動したりコピー＆ペーストしたり
できるので、効率的に曲の構成を構築できます。

**オーディオトラックのイベントには波形が、インストゥルメント／MIDI トラックのイベントには音の高さ
や長さを表すブロックが表示されています。**

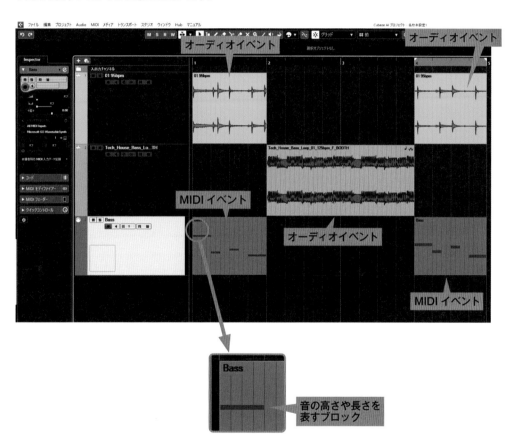

音の高さや長さを
表すブロック

幅広いジャンルに対応する
「VSTインストゥルメント」 <small>ソフトウェア 音源</small>

　ロック、ジャズ、ポップス、クラシックやダンスなど、幅広いジャンルに対応する185音色を内蔵したVSTインストゥルメント「HALion Sonic SE」が付属しています。しかも1つのHALion Sonic SEで最大16パートまで使用可能なので、大編成の曲にも余裕で対応します。

　また、ドラムサウンドに特化し、グルーヴィーなプリセットパターンが内蔵されたVSTインストゥルメント「Groove Agent SE」も付属しています。

HALion Sonic SE の各パートに、必要な音色を読み込み、インストゥルメント／MIDIトラックをアサインして、いざ曲作りの開始！

ドラム専用音源
「Groove Agent SE」

入力から編集までをサポートする
「MIDI エディター」

　ドラムのデータ作成に特化したドラムエディター、縦に並べた鍵盤で音の高さを確認して入力できるキーエディター、そして楽譜に音符を入力するスコアエディターが用意され、使う人の好みにあわせて MIDI データ入力がおこなえます。

キーエディター
鍵盤での確認はもちろん、縦幅を拡大することで音名も表示されるので、音の高さがすぐわかる。

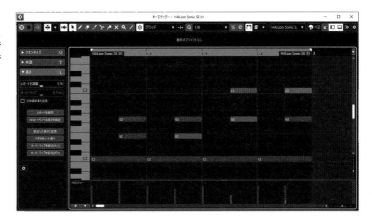

ドラムエディター
キックやスネアなど、よく使うパーツがまとめられているので、入力／編集がスピーディーにおこなえる。

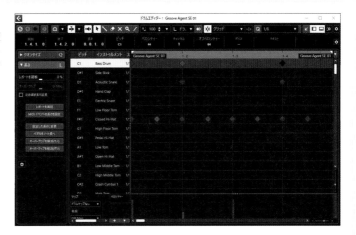

スコアエディター
いわゆる譜面で入力／編集するスコアエディター。印刷も可能です。

微調整から、綿密な編集までをこなす
「オーディオ編集機能」

　ボリュームの上下やフェードイン／アウトなどの簡易的な調整は、オーディオトラックのイベントにあるラインをドラッグして簡単に調整できます。その他にも、波形を書き換える編集も可能。

　また、オーディオ専用の編集ウィンドウ「サンプルエディター」を使えば、オーディオに関するさまざまなコマンドで納得のいく編集がおこなえます。

フェードインもドラッグだけで、すばやく調整可能です。

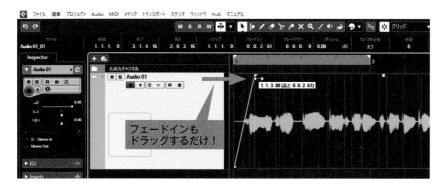

本格的な編集は、専用のサンプルエディターでおこないます。

サンプルエディター

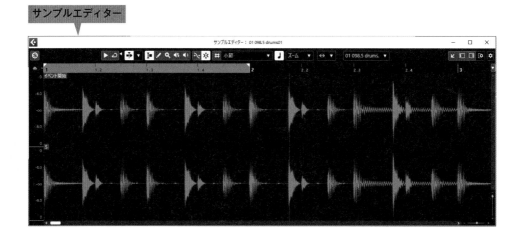

プログレードの
「ミキサー」

　レコーディングスタジオに常設されているプロ対応のものと同等のミキサーを装備しています。ミキサーの基本的操作である音量、左右の音の位置を決めるパンニングをはじめ、イコライザー、コンプレッサーといったエフェクトなど、音作りに欠かせない機能も標準装備しています。

視認性に優れ、編集もイメージどおりにできる音作りの肝・ミキサー。

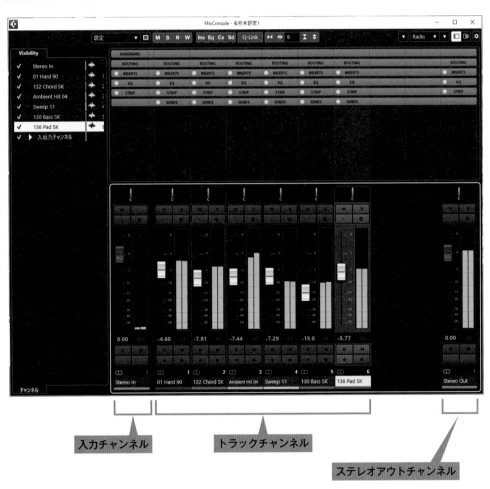

入力チャンネル　　トラックチャンネル　　ステレオアウトチャンネル

音作りに欠かせない
「オーディオエフェクト」

　トラックに装備されたイコライザー、コンプレッサーの他にも、ディレイ、リバーブなど
レコーディングからミックスに欠かせないエフェクトが用意されています。

EQでトラックの音質調整、そしてリバーブなどの空間系エフェクト、ダイナミクスエフェクトであるコ
ンプレッサーなどでトラックを仕上げていきます。

トラックにデフォルトでアサインされている
EQ（イコライザー）

使いたいエフェクトを
自由にアサインできる
「Inserts」

MonoDelay

Tremolo

RoomWorks SE

VSTDynamics

※上記は内蔵エフェクトの一例です

すばやいトラック制作を可能にする

「MediaBay」
「Loop/Sound ブラウザー」

　ドラムパターンや楽器特有の1〜数小節からなる演奏パターンである付属の「Loop（ループ）」を検索する「Loop ブラウザー」、目的の音色を検索する「Sound ブラウザー」、そしてこの2つのブラウザーを統合した「Media Bay」で、湧いたイメージを逃さず、すぐに制作にかかれます。

現在の音楽制作では素材選びが曲作りの決め手。コンテンツがたくさん、しかも検索しやすい形で用意されているのがうれしいところ。曲を再生させながら試聴することもできます。

楽器やタイプなどから
目的のループを絞りこむ
「フィルター」

ループファイルを
表示／選択する
「結果」

選択したループの波形を表示する
「プレビュー」

幅広いメディアに対応する
「読み込み／書き出し」機能

　オーディオ CD に対応する Wave ファイル（Windows）、AIFF ファイル（Mac）をはじめ、ポータブルメディアで多く使われる MP3（MPEG1 Layer3。非可逆圧縮〔もとの音質に戻せない圧縮〕ファイル）、FLAC（Free Lossless Audio Codec、可逆圧縮〔もとの音質に戻せる圧縮〕ファイル）など、幅広いファイル形式に書き出すことができます。

　また、既存のオーディオファイルやオーディオ CD からの読み込みもでき、曲の素材として利用したり、リミックスを作成したりする目的で利用できます。

音楽制作での使用はもちろん、さまざまなメディアで扱えるようにする「変換ツール」としても使えます。

オーディオ CD をパソコンのドライブに入れ、直接プロジェクトへ読み込むことができます。

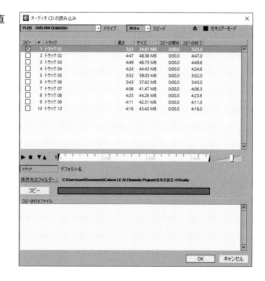

xiv

メロディと歌詞を打ち込むだけで歌ってくれる
「ボーカロイド」との連携

　もともと、Cubase シリーズとボーカロイドシリーズは別のソフトですが、「VOCALOID 5」、そして VOCALOID 5 に付属する「VOCALOID4.5 Editor for Cubase」により Cubase で作成した伴奏に対して簡単にボーカロイドの歌をミックスできるようになりました。
本書ではどちらの使用方法も解説しています。

> **注意!!**
> 　ボーカロイドシリーズは、Cubase シリーズには含まれておりません。Cubase シリーズ内でボーカロイドを使用するには、VOCALOID 5 を別途購入してインストールする必要があります。

バックトラックを作りながらボーカロイドのパートも同時に作っていくというボカロ P は、VOCALOID 5 を購入すれば、Cubase でのバックトラックと併用することにより、最終形をしっかりとイメージしながら制作できるようになりました。

基礎からわかる
Cubase AI 12/LE 12
コードトラックや付属ループで
カンタン音楽づくり

目黒真二

Stylenote

CONTENTS

Chapter 1
Cubase を使うための設定
～起動とプロジェクト／デバイス設定

Chapter 2
Cubase をマスターするために
～ Cubase のウィンドウ構成と基本操作

Chapter 3

コードトラックを使って簡単！ 伴奏作り

Chapter 9
ミックスでカッコいいサウンドに仕上げる
～ミックスから書き出しまで

Chapter 10
制作のヒント

Chapter 11
YouTube 連動！　ギター弾き必見！
リフを形にしよう

はじめに

　Cubase AI と Cubase LE は、プロのクリエイターたちにも人気のある DAW ソフト、Cubase シリーズの中で機能の限定されたグレードです。Cubase AI/LE を単体で購入することはできませんが、オーディオインターフェースやミキサーなど、ハードウェアを購入すると付属しています。Cubase AI/LE が付属しているのでそのハードウェアを購入したという方もいれば、たまたま購入したハードウェアに Cubase AI/LE がついていた、という方もいらっしゃるでしょう。そんな Cubase AI/LE を使って、すぐに曲作りができるように解説したのが本書です。

　「無料でついてくる」「機能限定グレード」とはいえ、さすが Cubase シリーズ、その機能は優秀です。Cubase シリーズ特有の機能「コードトラック」や付属しているドラムの演奏データ「ループファイル」を使えば、簡単に伴奏データが作成できます。さらにメロディを MIDI やオーディオなどで入力し、エフェクトをかけバランスを取り、オーディオデータに書き出すという、DAW で必要となる一連の基本操作が可能です。本書ではこういった DAW での音楽制作の流れをていねいに説明するように心がけました。

　また、メロディを別売りの「VOCALOID 5」と VOCALOID 5 に付属する「VOCALOID4.5 Editor for Cubase」を使用して入力する手順についても解説しているので、ボカロファンの方にも楽しんでいただけるはずです。

　本書では、Cubase AI を例に説明していますが、Cubase LE はもちろん、さらに上位グレードの Cubase Pro、Cubase Artist、Cubase Elements でも、同様の手順で操作できるので参考にしてください。

　なお、この本は大変ご好評をいただいた前著『基礎からわかる Cubase AI 11/LE 11』をもとに加筆修正したものです。メニュー名や画面の変更に対応しただけでなく、ギターのリフからすばやく曲を組み立てていく方法など内容も増強しました。みなさんのお役にたてば幸いです。

本書について

■ウィンドウの操作ついて

　Cubase に限らず、パソコンで音楽制作をおこなう際は、画面上にさまざまなウィンドウを開いて作業します。

　たとえば、Loop ブラウザー（112 ページ）でループを選択して、プロジェクトのトラックに貼り、その音にエフェクトを加えながら再生する、とパソコンの画面が開いたウィンドウでいっぱいになり、肝心のトラックが見えなくなったり、操作したいウィンドウ自体が隠れ

てどこにいったのかわからなくなってしまったりします。

　本書では、なるべくみなさんの環境と同じように作業をし、説明のために取り上げる図も
それに準ずるように構成していますが、同じように操作しているのに、「あれ？　さっきと画
面が違う？」「同じように操作しているけど、ここで説明されているウィンドウが見あたらな
い……」ということがあるかもしれません。

　これは、操作のメインとなるウィンドウを前面に出すために、他のウィンドウが自動的に
隠れてしまったり、手動で必要のないウィンドウをドラッグして端に寄せたりしているから
です。

　こういった操作や解説をむやみに本文の中に入れると煩わしいだけではなく、手順が増え、
せっかく説明したいことがあやふやになってしまいます。

　そこで「暗黙の了解」として、必要なウィンドウは、そのつど、下記の方法で画面上に表
示してください。

トランスポートパネル

　プロジェクトウィンドウにもトランスポートが表示されていますが、そちらを操作すると
ウィンドウが切り替わることがあるので、「開始（再生）」は独立して操作できる「トランスポー
トパネル」を使うか、テンキーによるショートカットを活用しましょう。

　トランスポートパネルを表示／非表示にするショートカットは、F2キーです。F2キーを
押すたびに、トランスポートパネルが開いたり閉じたりします。

トランスポートパネル

隠れてしまったウィンドウを探す

　「ウィンドウ」メニューに、有効なウィンドウやパネルが表示されます。たとえば、Loop
ブラウザーが隠れてしまった、というようなときには、「ウィンドウ」メニューをクリックし
てメニューから「Loop ブラウザー」をクリックすると、前面に表示されます。

「ウィンドウ」メニュー

開きたいウィンドウ名
をクリック

画面の端にドラッグしている場合

　無意識にパソコン画面の端にドラッグしてしまい、どこに行ったかわからなくなることがあります。人によって傾向が違いますが、右下に寄せる傾向があるようです。「ウィンドウ」メニューでクリックしても出てこないときには、パソコン画面の右下に注目しましょう。

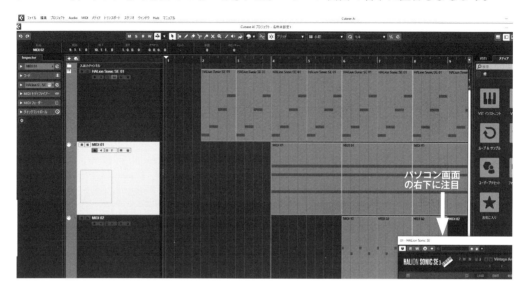

パソコン画面
の右下に注目

絶対に隠れない設定

　VST インストゥルメントやブラウザーなどでは、「常に前面に表示」という設定があります。これが有効になっていると、他のウィンドウに切り替えてもそのまま最前面に表示され、隠れません。ウィンドウ上部の黒いエリアを右クリックして設定します。状況にあわせて設定してください。

黒いエリアを右クリック ──　　　　　　　　　　　　──「常に前面に表示」

■Windows と Mac の操作の違いについて

　Cubase シリーズは、Windows 版と Mac 版の両方が用意されていますが、本書では、Windows 版を例に説明しています。

　Windows 版と Mac 版では画面やパソコンのキーボード操作など、一部異なる場合があります。特にパソコンのキーボード操作では、Ctrl キーを ⌘ キー、Alt キーを option キーなどに読み替えて操作してください。

　詳細は、ソフトに付属のマニュアルなどでご確認ください。

Cubase を使うための設定
～起動とプロジェクト／デバイス設定

　この Chapter では、Cubase を使うための準備として、Cubase を起動し、プロジェクト（曲のファイル）の設定、そして使用するオーディオ／ MIDI の設定をおこないます。

パソコンと各機器の接続

パソコンと各機器の接続はこのようになります（実線は本書で使用した接続方法、点線は可能な接続方法を表しています）。

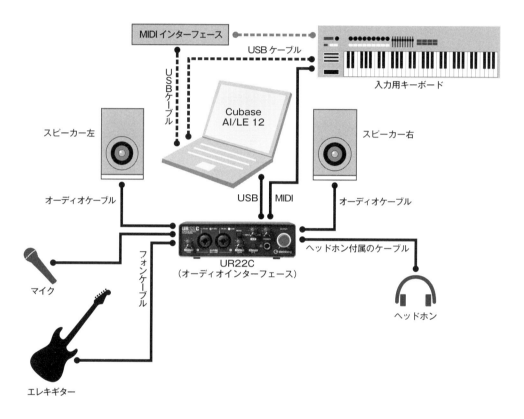

パソコンを使った音楽制作では、音楽制作専用のオーディオインターフェースを接続して使います。これには3つの理由があります。1つ目は、録音の際に楽器やマイクの入力レベルを適正にするためです。2つ目は、録音の際に自分の声や演奏のモニター音が実際に聞こえるまでの時間、またMIDIキーボードを弾いてからVSTインストゥルメントの音が聞こえるまでの時間（これらの時間のずれを「レイテンシー」という）をできるだけ少なくするためです。3つ目は、コンデンサーマイクに必要な「ファンタム電源」を供給するためです。

本書ではCubaseと同じメーカーSteinberg社のUSB接続のオーディオインターフェース、「UR22C」を使用して説明しています。メーカーやモデルが異なるオーディオインターフェースをお使いの方は、それぞれ読み替えて操作してください。

Cubaseの起動と
プロジェクトの作成

手順

1 「Cubase LE AI Elements 12」のショートカットアイコン（①）をダブルクリックするか、「スタート」メニュー（②）→「Steinberg Cubase LE AI Elements 12」（③）→「Cubase LE AI Elements 12」（④）をクリックします。

①Cubase LE AI Elements 12
　のショートカットアイコン

③「Steinberg Cubase
　LE AI Elements 12」

④「Cubase
　LE AI Elements 12」

②「スタート」メニュー

ヒント

メニューやショートカットアイコンの名称には「AI LE Elements」と3つのグレード名が並記されていますが、実際に起動するのはライセンスのあるグレードになります。

2 「steinberg hub」が開きます。右側の「プロジェクト」欄には、あらかじめ用意されたプロジェクトのテンプレートや、最近使用したプロジェクトなどが表示されます（次ページ図参照）。

ヒント

Cubaseでは曲のファイルのことを「プロジェクト」と呼びます。

ここでは「その他」（次ページ図⑥）から、トラックなどが何も設定されていない「Empty」（次ページ図⑦）を選択します。

そして一番下の項目では保存先を選択します。デフォルトでは「プロジェクトの場所を表示」が選択されていますが、ドキュメントフォルダーにあるCubase AI用のフォルダーに保存するために「規定の場所を使用」（次ページ図⑧）にチェックを入れてから「作成」（次ページ図⑨）をクリックします。

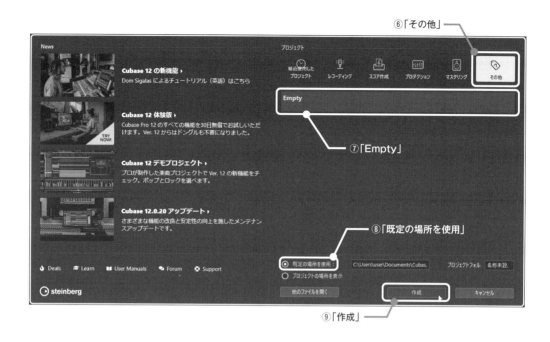

⑥「その他」

⑦「Empty」

⑧「既定の場所を使用」

⑨「作成」

プロジェクトが空の状態で開きます。

プロジェクトの設定

これから作る曲のために、プロジェクトの設定を確認しておきます。

手順

1 「プロジェクト」メニューから「プロジェクト設定」（①）をクリックします。

2 「プロジェクト設定」ウィンドウが開きます。

ここではオーディオ CD を作成することを前提として、オーディオ CD と同じフォーマットである「サンプリングレート」＝「44.100kHz」、「ビット解像度」＝「16 Bit」、「録音ファイル形式」＝「Wave ファイル」（Windows の場合。Mac の場合は「AIFF ファイル」）となっていることを確認します（②）。

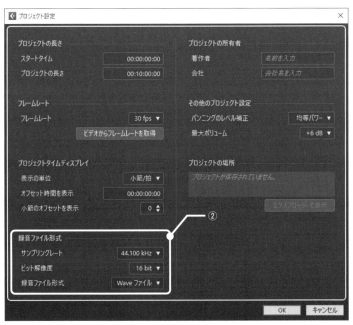

上記のようになっていないとき、あるいは特定の
ファイルフォーマットに変更する際には、項目に
ある「▼」をクリックしてメニューから該当する
項目を選択します。

3 プロジェクトの設定と確認がすんだら「OK」をク
リックします。

オーディオデバイスの設定

Cubase でのオーディオ入出力の設定をおこないます。「音が出ない」「録音できない」とい
う場合の原因のほとんどが、このオーディオ設定、接続の不備によるものです。しっかりと
設定、また確認しておきましょう。

■オーディオデバイスの設定

Cubase でオーディオの入出力をするための
オーディオインターフェースを指定します。

> **ヒント**
>
> 起動の際のダイアログですでにオーディオイン
> ターフェースの設定がすんでいる方も、オーディ
> オに関する他の設定があるので、このまま続け
> てください。

手順

1 「スタジオ」メニューから「スタジオ設定」
をクリックします（①）。

2 「スタジオ設定」ウィンドウが開くので、
「デバイス」欄の「オーディオシステム」
（②）をクリックします。

3 右側の「オーディオシステム」で「ASIO
ドライバー」（③）の欄を確認します。

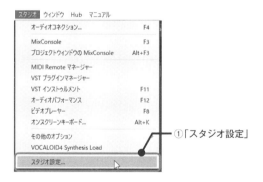

ここでは、Steinberg UR22C のドライバーである「Yamaha Steinberg USB ASIO」が選
択されていることを確認します。

他のドライバーが選択されている場合には、「▼」（④）をクリックして、メニューから該当するオーディオインターフェースのドライバーを選択します。

②「オーディオシステム」 ③「ASIO ドライバー」 ④

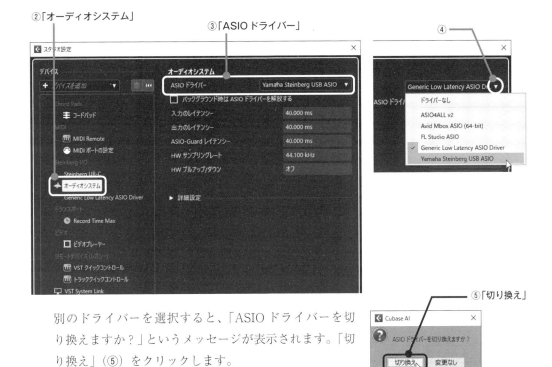

⑤「切り換え」

別のドライバーを選択すると、「ASIO ドライバーを切り換えますか？」というメッセージが表示されます。「切り換え」（⑤）をクリックします。

4 左側の「デバイス」欄で「オーディオシステム」下の「Yamaha Steinberg USB ASIO」（⑥）をクリックすると、右側が「Yamaha Steinberg USB ASIO」になります（⑦）。
オーディオインターフェースの入力（イン）と出力（アウト）の状況が表示されます。
ここでは、UR22C のデフォルトの状態が表示されています。

⑥「Yamaha Steinberg USB ASIO」 ⑦

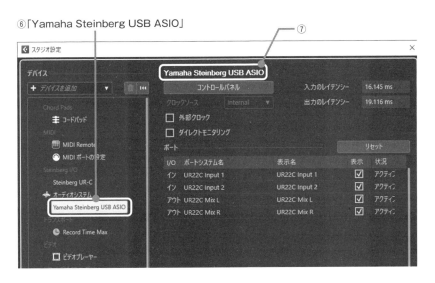

本書で使用する UR22C には入力端子が2つ装備されているので、「イン」として「UR22C Input 1」と「UR22C Input 2」が表示されています。出力は L（左）、R（右）のステレオで2つ装備されており、「アウト」として「UR22C Mix L」と「UR22C Mix R」が表示されています。

ここで「状況」の欄を見ると、「イン」の「UR22C Input 1」と「UR22C Input 2」、これは UR22C のインプットで「アクティブ」、つまり有効になっていて使える状態です。アウトの「UR22C Mix L」と「UR22C Mix R」も「アクティブ」で使える状態になっています。

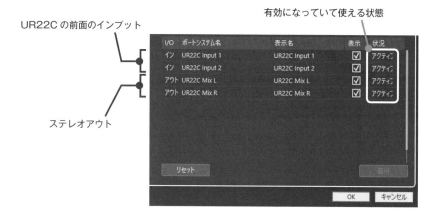

有効になっていて使える状態

UR22C の前面のインプット

ステレオアウト

本書で使用している UR シリーズのオーディオインターフェースにはいくつかのモデルがあり、インプット数も2から8までさまざまです。ただし、本書で使用している UR22C のインプット数は2なので、本書では基本的にインプット数を2として解説していきます。

■オーディオインターフェースの詳細設定

オーディオインターフェース本体の設定をおこないます。なお、ここでの操作は本書で使用している Steinberg UR22C を例に解説しています。メーカーやモデルによりウィンドウが異なる場合があります。くわしくはお使いのオーディオインターフェースのマニュアルなどをご覧ください。

「スタジオ設定」ウィンドウで「コントロールパネル」のボタンをクリックすると、「ASIO」タブが開いた状態で、「Yamaha Steinberg USB Driver」ウィンドウが開きます。

「ASIO」タブ

「Device」

「オーディオシステム」で選択したオーディオインターフェースが選択されています。上記「Yamaha Steinberg USB ASIO」というドライバーで動作するオーディオインターフェースが複数接続されているときのみ選択／変更できるようになっています。

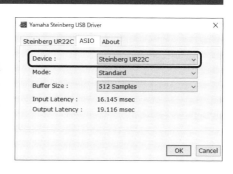

「Buffer Size」

演奏した音、または歌った声がパソコンに入ってから実際にヘッドホンやスピーカーから聞こえるまでの時間（レイテンシー）を調整します。数値が低いほど遅れがなくなるので演奏や歌に違和感はなくなりますが、低くしすぎるとパソコンが不安定になることがあります。まずはデフォルトの「512」からはじめ、徐々に低くして演奏しやすい（歌いやすい）値を探すとよいでしょう。

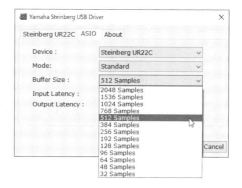

「Input Latency」、「Output Latency」

「Buffer Size」で設定されたサンプル数による、入力時と出力時の Latency（レイテンシー）がミリセコンドの単位で表示されます。

> **ヒント**
>
> 「Latency（レイテンシー）」とは、上記「Buffer Size」の設定により生じる音の遅れです。実際には「Input Latency」と「Output Latency」を合算した時間分、音が遅れて聞こえます。

「Mode」

最新のドライバーから追加された機能で、ドライバーの動作を「Low Latency（低レーテンシー）」「Standard（スタンダード）」「Stable（安定）」から選択できます。上記の Buffer Size が同じ値でも「Low Latency」「Standard」「Stable」の順に

レイテンシーは短くなります。最初は Standard から試してみて、もっと遅れを短くしたいときには「Low Latency」を、もっと安定させたければ「Stable」を選択してみてください。

「Steinberg UR22C」タブ

このタブ名は、選択されているオーディオインターフェースによって異なります。

「Sample Rate」

録音をおこなう際のオーディオのサンプルレートを設定します。ただし、これは本 Chapter の**「プロジェクトの設定」**（29ページ）で説明した「プロジェクト設定」ウィンドウの「サンプリングレート」の値が自動的に選択され、「44.1kHz」になっています。この項目を変更する際には、あらかじめ「プロジェクト設定」ウィンドウで「サンプリングレート」を変更しておきます。

ヒント

このウィンドウでサンプリングレートを変更しようとすると、次のようなウィンドウが表示されます。これは、プロジェクトとオーディオインターフェースのサンプリングレートが異なると、思いどおりの音で再生できなかったり、テンポがあわなかったりすることがあるためです。
このウィンドウが表示されたら、「プロジェクトの設定を合わせる」をクリックして、プロジェクトのサンプリングレートを変更した値にあわせておきましょう。

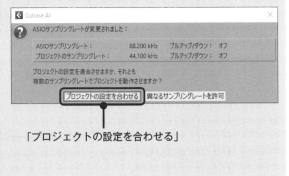

「プロジェクトの設定を合わせる」

「About」タブ

ドライバーのバージョンなどの情報が表示されます。ドライバー更新などの参考にしてください。

設定と確認がすんだら、「OK」をクリックして「Yamaha Steinberg USB Driver」ウィンドウを閉じ、「スタジオ設定」ウィンドウに戻ります。

MIDI ポートの設定

　MIDI ポートでは、Cubase に演奏情報（MIDI データ）を入力する入力用キーボード（鍵盤）の入出力の設定をおこないます。

　入力用キーボードがなくても、マウスや Cubase 独自の機能「オンスクリーンキーボード」を使えば MIDI データの入力はおこなえます。ただ、鍵盤演奏がある程度できるなら、入力用キーボードを使ったほうが、リアルタイム入力やキーボードステップ入力を利用してスピーディーに入力することができます。また、鍵盤演奏が得意でなくても、音色を選択する際の確認作業などにも重宝します。できるだけ用意したほうがいいでしょう。

ヒント

入力用キーボードのことを特に「MIDI キーボード」と呼ぶことがあります。以前の入力用キーボードには必ず MIDI 端子が装備されていたのが理由です。現在では USB 経由の接続が主流のため、MIDI 端子を装備していない入力用キーボードもありますが、本書では「MIDI キーボード」と呼びます。

■MIDI キーボードの接続方法

　MIDI キーボードとパソコンを接続して入力に使うためには、次の3つの接続方法があります。

　1)　USB ケーブルでパソコンと直接接続する
　2)　MIDI ケーブルで USB-MIDI インターフェース経由でパソコンと接続する
　3)　MIDI ケーブルで、MIDI インターフェース機能をもったオーディオインターフェース（ここでは UR22C）経由でパソコンと接続する

　本書では、上記 3) UR22C の MIDI IN に MIDI キーボードを接続する例で解説します。

■入力（MIDI イン）の設定

1 「デバイス」欄の「MIDI ポートの設定」（①）をクリックすると、右側に「MIDI ポート
の設定」が表示されます。

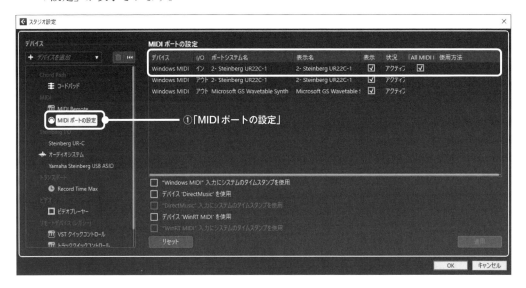

「I/O（イン／アウト）」に「イン」と表示されている欄で、「ポートシステム名」には
本書で使用している MIDI インターフェース機能をもったオーディオインターフェース
「Steinberg UR22C-1」が表示され、「表示」が「✓」、「状況」が「アクティブ」、右端の
「All MIDI In（puts）」が「✓」となっているのを確認します。

ヒント

All MIDI In（puts）とは

本書の例では、MIDI 入力用に接続されているのは、UR22C の MIDI IN に接続されている MIDI キーボー
ド 1 つのみですが（26 ページ図参照）、複数の MIDI 機器を使って MIDI 入力をおこなうこともあります。
MIDI 入力の際に、トラックごとに MIDI 機器を切り替えることもできますが、通常はすべての MIDI 機器
を有効にしておき、どの MIDI 機器を操作しても入力がおこなえるようにしておいたほうが便利です。こ
の「All MIDI In」が有効になっていると、トラックでの入力の際、特に選択しなくても、接続されている
どの MIDI 機器でも入力できます。デフォルトでは、すべての入力機器の「All MIDI In」が有効になって
いるのでそのままにしておきましょう。

USB で MIDI キーボードと接続している場合、USB-MIDI ドライバーがインストールさ
れていれば、「ポートシステム名」に接続している MIDI キーボードの名前やドライバー
名が表示され、「表示」、「状況」、「All MIDI In（puts）」欄がそれぞれ「×」、「アクティブ」、
「✓」となります。

2 確認できたら「OK」をクリックして「スタジオ設定」ウィンドウを閉じます。

オーディオコネクション設定

30 ページ**「オーディオデバイスの設定」**の項で有効にした UR22C のインやアウトのポートを、Cubase と接続するための設定です。

■「オーディオコネクション」を開く

「スタジオ」メニューから「オーディオコネクション」をクリックします。

「オーディオコネクション」ウィンドウが開きます。このウィンドウの「入力」、「出力」タブで入出力を設定します。

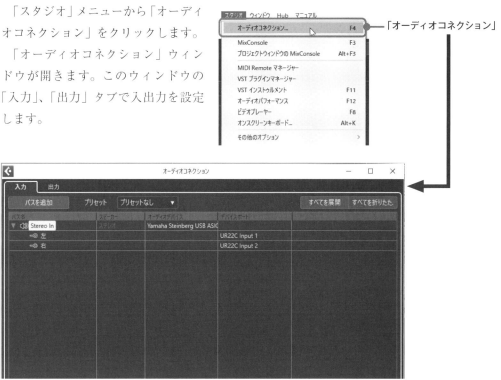

ヒント

「オーディオデバイス」欄に使用しているオーディオインターフェースと違う名前が表示されている、あるいは「未接続」と表示されている場合には、「オーディオデバイス」欄をクリックして、お使いのオーディオインターフェースを選択します。

■「入力」タブの設定

「入力」タブでは、入力に関する設定をします。

Steinberg UR22C を接続し、30 ページ**「オーディオデバイスの設定」**で入力 1、2 が有効になっている状態では、以下のような設定になっています。

「バス名」＝「Stereo In」

「スピーカー」＝「Stereo」

「オーディオデバイス」

　＝「Yamaha Steinberg USB ASIO」

「デバイスポート」

　＝「UR22C Input 1」「UR22C Input 2」

> **ヒント**
>
> 「バス」とは、ここでは「信号が通る道」という意味です。

> **ヒント**
>
> 「スピーカー」は、何かのスピーカーを指定することではなく、「Stereo」なら左右のスピーカーから音が鳴るということで「LR」が、「Mono」なら 1 つのスピーカーからのみ音が鳴るので「Mono」の「M」が表示されます。

これは、UR22C の Input 1、2 が、ステレオのペアの状態で Cubase に接続されているということになります。

モノラルの入力バスを追加する

録音や再生のときの信号には「ステレオ」と「モノラル」という 2 つの種類があります。「ステレオ」は、広がり感を出すために左右のスピーカーからそれぞれ独立した形で聞こえる 2 つの信号なのに対し、「モノラル」は 1 つの信号のみになります。ギターやボーカルなどのオーディオ信号は、モノラルで録音することがほとんどです。

現在、UR22C 前面の 2 つのインプットは、Cubase 上ではステレオのペアとして設定されています。このままどちらかのインプットに、たとえばギターを接続して録音すると、場合によってはステレオの片側にのみ録音されてしまい、再生するとスピーカーの片側からしか聞こえない、ということがあります。そういうことがないよう、インプットの 1 と 2 をそれぞれ独立したモノラルとして入力できるように設定します。

手順

1 「オーディオコネクション」ウィンドウ、左上の「バスを追加」（①）をクリックします。

2 「入力バスを追加」ウィンドウが開きます。ここではモノラルの入力を 2 つ追加します。

3 「数」欄（②）の「▲」をクリックして「2」にします。

4 「構成」欄（③）の「▼」をクリックしてメニューから「モノラル」を選択します。

5 「バスを追加」（④）をクリックします。

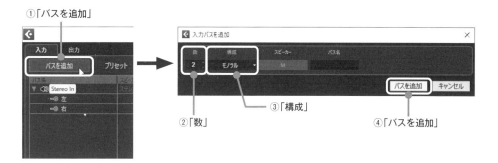

①「バスを追加」

②「数」

③「構成」

④「バスを追加」

すると「入力バスを追加」ウィンドウが閉じ、「オーディオコネクション」ウィンドウの「バス名」に「モノラル In」と「モノラル In 2」が追加されます（⑤）。

6 モノラルの入力が2つ追加されましたが、どちらも「UR22C Input 1」になっており、UR22C の Input 1 しか使えない設定になっています。よってここで「モノラル In 2」をUR22C の Input 2 に変更します。

「モノラル In 2」の「UR22C Input1」の部分（⑥）をクリックして、メニューから「UR22C Input 2」を選択します（⑦）。

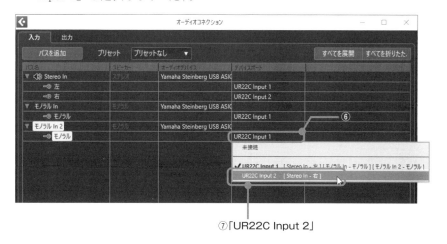

⑦「UR22C Input 2」

■「出力タブ」の設定

「出力」タブをクリックすると、出力に関する設定ウィンドウになります。

Steinberg UR22C を接続しているとデフォルトでは、以下のような設定になっています。

「バス名」＝「Stereo Out」
「スピーカー」＝「ステレオ」
「オーディオデバイス」＝「Yamaha Steinberg USB ASIO」
「デバイスポート」＝「UR22C Mix L」「UR22C Mix R」

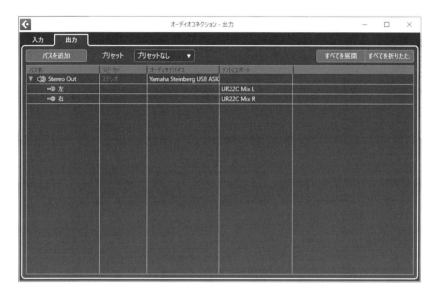

　使用しているオーディオインターフェースと違う名前、あるいは「未接続」と表示されている場合には、「オーディオデバイス」欄のデバイス名をクリックして、お使いのオーディオインターフェースを選択します。

　これで、Cubase からの音は、オーディオインターフェース（ここでは Steinberg UR22C）の出力である「LINE OUTPUT（背面の出力）」、「PHONES（前面のヘッドホン）」から出力されます。

各種設定がすんだら、「×（閉じる）」をクリックして「オーディオコネクション」ウィンドウを閉じます。

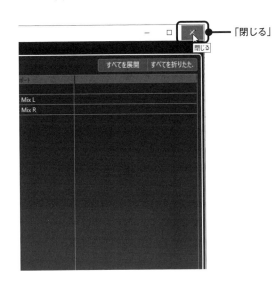

「閉じる」

ヒント

Cubase では、「OK」などの項目がないウィンドウでは、右上の「×」ボタンをクリックしてウィンドウを閉じます。

音を鳴らしてみよう

接続、設定がすんだところで、Cubase で音が鳴るかどうかをチェックします。ここでは、メトロノーム（クリック）音を使ってチェックします。

■音を鳴らす際のチェックポイント

・各機器のドライバーがインストールされているか
・「スタジオ設定」「オーディオコネクション」が正しく設定されているか
・各機器が正しく接続されているか
・再生装置の電源が入っているか

ヒント

いきなり大きな音が出て耳や再生装置を傷めないよう、ボリュームは最小にしておき、音を鳴らしてから徐々に大きくするようにしましょう。

■クリック（メトロノーム）音

デフォルトでは 4/4 拍子で 1 拍ずつクリック音が鳴ります。

手順

1 プロジェクトウィンドウの右下にある「メトロノームクリックを有効化」アイコン（①）をクリックしてオン（白く点灯した状態）にします。

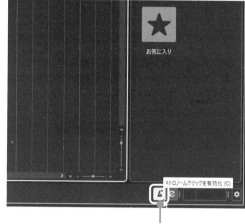

①「メトロノームクリックを有効化」

2 トランスポートパネルの「開始（再生）」ボタン（②）をクリックしてプロジェクトを再生します。

3 音が鳴るのを確認したら、トランスポートパネルの「停止」ボタン（③）をクリックしてプロジェクトを停止します。

ヒント

トランスポートパネルが表示されていないときには、「トランスポート」メニューの「トランスポートパネル」をクリックするか、ショートカットである F2 キーを押します。トランスポートパネルの詳細については、**Chapter 2「再生などトランスポートの操作」**（59 ページ）も参考にしてください。

③「停止」ボタン ②「開始（再生）」ボタン

　音が鳴らない場合には、前項**「音を鳴らす際のチェックポイント」**を確認し、さらに本Chapter に沿って各設定を見なおしてみてください。

Cubase を
マスターするために
〜 Cubase のウィンドウ構成と基本操作

Cubase での操作をはじめる前に、Cubase の構成や基本的な操作を学びましょう。各 Chapter の操作で、この Chapter を参照することもあるので、熟読しておくことをお勧めします。すでに Cubase の基本操作を理解しており、早く曲作りがしたいという方は、次の Chapter 3 へお進みください。

Cubaseのプロジェクトウィンドウ の構造

Cubase の操作の大半を占めるプロジェクトウィンドウには、大きく分けて 4 つのゾーンが あります。

左ゾーン

トラックの入出力やエフェクトのアサインなど、トラックに関する詳細や情報を表示するゾーンです。

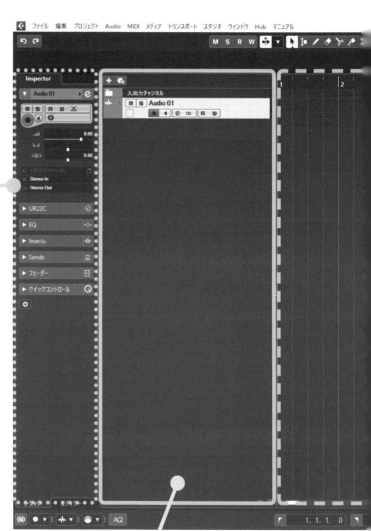

トラックリストゾーン

オーディオやインストゥルメントトラックを作成し操作するゾーンです。

右ゾーン

使用している VST インストゥルメント、付属のコンテンツをブラウザー表示する MediaBay を表示します。

注: LE には VSTi タブがありませんが、本書での操作では問題ありません。

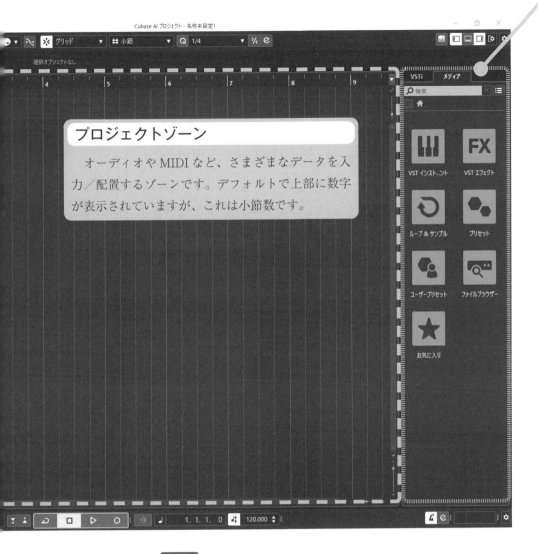

Cubase AI プロジェクト - 名称未設定1

プロジェクトゾーン

オーディオや MIDI など、さまざまなデータを入力/配置するゾーンです。デフォルトで上部に数字が表示されていますが、これは小節数です。

ヒント

Cubase 9 シリーズから、プロジェクトゾーンの下に「下ゾーン」と呼ばれるエディターなどを表示する機能が加わりました。本書では、「コードパッド」という機能（102 ページ「**コードパッドを曲作りに活用しよう！**」参照）でのみ使用しています。

ツールの選択

作業中はひんぱんにツールを持ち替えます。ツールの持ち替えにはいくつかの方法があります。

【手順A】

プロジェクトゾーンの何もないところで右クリックして、ツールボックスから目的のツールを選択します。

【手順B】

ツールバーのツールボックスから目的のツールを選択します。

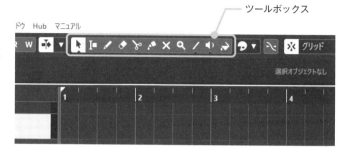

ツールボックス

【手順C】

パソコンキーボードの数字キー（テンキーではない）から目的のツールが割り当てられたキーを押します。たとえば鉛筆ツール ✐ は数字キーの 8 キーを押して選択します。

ツール選択の割り当てキー	
1 ：オブジェクトの選択ツール ▶	F9 ：左記のツールに該当する番号を降順で選択
2 ：範囲選択ツール 🏗	
3 ：はさみ（分割）ツール ✂	F10 ：左記のツールに該当する番号を昇順で選択
4 ：のりツール ✐	
5 ：消しゴム（削除）ツール ◆	
6 ：ズームツール 🔍	
7 ：ミュートツール ✖	
8 ：鉛筆ツール ✐	
9 ：再生ツール ◀	
0 ：スティックツール ✐ （ドラムエディターでのみ有効）	

ヒント

カラーツール ▶（イベントに色をつける）にはショートカットは割り当てられていません。手順AまたはBによって、ツールボックスからクリックして選択します。

イベントを適正な位置に
作成または移動するスナップ設定

「スナップ」とは、イベントなどを作成または移動するときに、小節や拍などの単位でおこなうかどうかを決めるものです。この単位は「グリッドの間隔」によって決定されます。

スナップのオン/オフ

「スナップオン/オフ」ボタンをクリックして点灯し、オンにします。ショートカットは J キーです。

スナップをオフにするには、もう一度「スナップオン/オフ」ボタンをクリックして消灯の状態にします。ショートカットの J キーをもう一度押してもオフにできます。

「グリッドの間隔」の設定

「グリッドの間隔」をクリックして、メニューからイベントを作成したり移動したりする単位を「小節」、「拍」、「クオンタイズ値」から選択します。

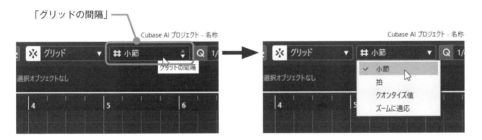

ヒント

「グリッドの間隔」メニューにある「クオンタイズ値」は、「グリッドの間隔」の右にある「クオンタイズプリセット」で選択した音符の単位でイベントを作成、または移動するときに選択します。「小節」や「拍」よりも細かい単位でイベントの作成や移動ができます。「クオンタイズプリセット」には、音符が分数で示されます。「1/1」は全音符、「1/2」は2分音符、「1/4」は4分音符、「1/8」は8分音符……というようになっています。

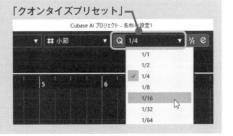
「クオンタイズプリセット」

新規トラックの作成

　Cubase を使った曲制作の過程では、トラックを新規に作成することがよくあります。トラックを作成するメニューを選択する手順には、次の3つの操作方法があります。状況や好みに応じて使い分けてください。

【手順A】

　「プロジェクト」メニューから「トラックを追加」をクリックして、メニューから目的のトラックを選択します。

【手順B】

　トラックリストゾーンにある「＋（トラックを追加）」マークをクリックして、開く「トラックを追加」ウィンドウで目的のトラックを選択します。

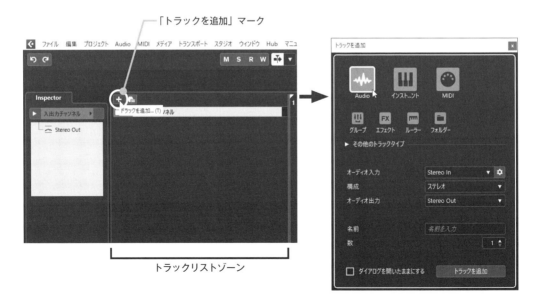

トラックリストゾーン

【手順C】

トラックリストゾーンで右クリックします。右クリックする場所によって手順が少し異なります。

（1）何もないところで右クリック

メニューから目的のトラックを選択します。

（2）既存のトラック上で右クリック

メニューから「トラックを追加」をクリックして、開くメニューから目的のトラックを選択します。

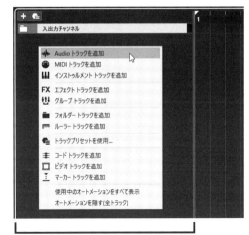

トラックリストゾーン

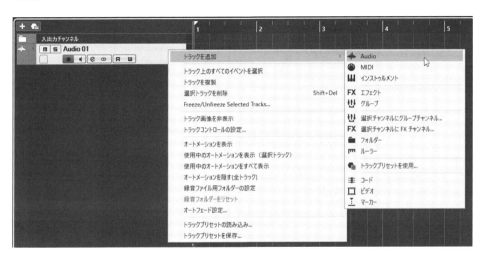

どの手順の場合も、選択したトラックの種類によっては、詳細を設定するウィンドウが開く場合があります。ウィンドウが開いた場合は、各項目を設定したあと「トラックを追加」をクリックすると、新しいトラックが作成されます。

オーディオトラックの場合

MIDIトラックの場合

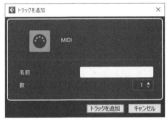

インストゥルメントトラックの場合

新規イベントの作成

インストゥルメント／MIDIトラックでは、あらかじめ「イベント」というデータを入力する枠を作成してからデータを入力します。

ヒント

リアルタイム入力では、イベントは自動的に作成されます。

ヒント

オーディオトラックでも同様の操作でイベントは作成できますが、入力や編集などの操作はできません。

手順

1 46ページ「**ツールの選択**」を参考に鉛筆ツール▱を選択します。

2 47ページ「**イベントを適正な位置に作成または移動するスナップ設定**」を参考に、スナップをオン、グリッドの間隔を「小節」にします。

3 1小節目の先頭でクリックすると、1小節分のイベントが作成されます。

ヒント

ショートカットである数字キーの⑧を押しても同様に鉛筆ツールが選択できます。

ヒント

ここではグリッドの間隔が「小節」に設定されているので、1回クリックすると自動的に1小節分の長さのイベントが作成されます。

1小節目先頭をクリック

たとえば、4小節分のイベントを作成する場合には、クリックしたまま、4小節分、右方向へドラッグします。

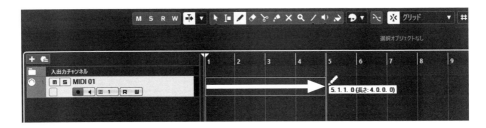

複数のデータ／イベントの選択

　単体のデータやイベントの選択は単純にクリックするだけで選択できます。複数のデータ／イベントの選択は次のようにします。

【手順A】

　Ctrl キーを押しながらデータやイベントをクリックして選択します。クリックしたデータ（イベント）のみが選択されます。

【手順B】

　選択したい範囲をドラッグして選択します。

オーディオイベントの場合

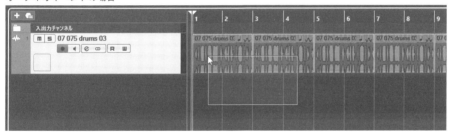

MIDI データの場合

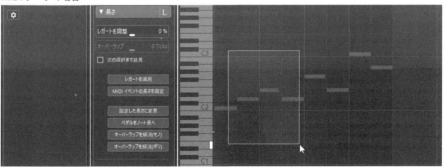

【手順C】

　プロジェクト内、エディター内のデータやイベントをすべて選択する場合は、「編集」メニューの「選択」から「すべて」をクリックするか（次ページ図参照）、ショートカットの Ctrl + A キーを押します。

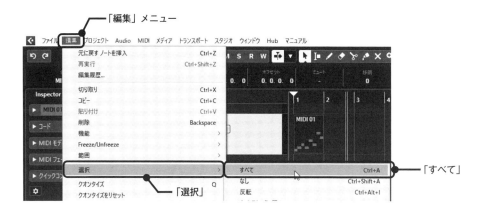

「編集」メニュー

「選択」

「すべて」

プロジェクト／エディター内の
拡大と縮小

曲を作成しているときは、プロジェクトウィンドウを拡大または縮小することがよくあります。ぜひショートカットを利用しましょう。

横方向への拡大と縮小

拡大する場合はパソコンのキーボードの H キーを、縮小する場合は G キーを押します。

縦方向への拡大と縮小

パソコンキーボードの Shift キーを押しながら、拡大する場合はパソコンのキーボードの H キーを、縮小する場合は G キーを押します。

ヒント

プロジェクトゾーン右下にあるズームスライダーでも拡大や縮小がおこなえます。左右のドラッグで横方向、上下のドラッグで縦方向のズームイン／アウトがおこなえます。縦横とも、ズームスライダーを「＋」方向にドラッグすると拡大、「－」方向にドラッグすると縮小されます。

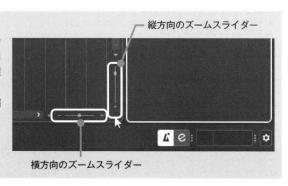

縦方向のズームスライダー

横方向のズームスライダー

ウィンドウのスクロール

ウィンドウの横方向へのスクロール

ウィンドウ下部にあるスクロールバーを左右にドラッグするか、**Shift** キーを押しながら、マウスホイールを回転させて、スクロールします。手前に回すと左方向へ、向こう側に回すと右方向へスクロールします。

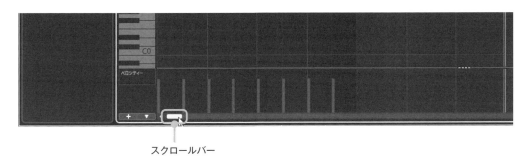

スクロールバー

ウィンドウの縦方向へのスクロール

ウィンドウの右端にあるスクロールバーを上下にドラッグするか、マウスホイールを回転させてスクロールします。手前に回すと下方向へ、向こう側に回すと上方向へスクロールします。

スクロールバー

コピー＆ペースト（コピペ）

　同じデータのところはコピペして、効率的に作業を進めましょう。Cubase でのコピペには
2つのタイプがあります。

ドラッグ＆ドロップ型コピペ

手順

1 イベントをクリックして選択、またはドラッグして範囲選択します。

2 [Alt] キーを押しながら目的の位置にドラッグ＆ドロップします。

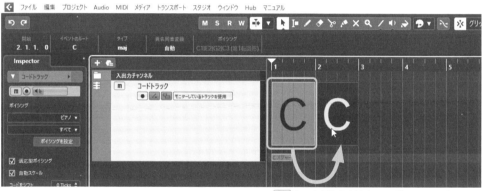

[Alt] キーを押しながらドラッグ＆ドロップ

ペースト先指定型コピペ

手順

1 イベントをクリックして選択、またはドラッグして範囲選択します。

2 「編集」メニュー（①）の「コピー」（②）をクリックします。

3 小節数を表す「ルーラー」（③）でペーストしたい位置をクリックして指定します（④）。

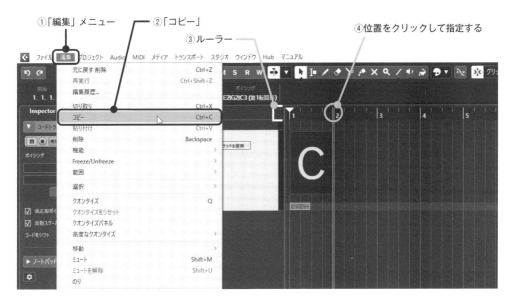

4 「編集」メニューの「貼り付け」（⑤）をクリックします。

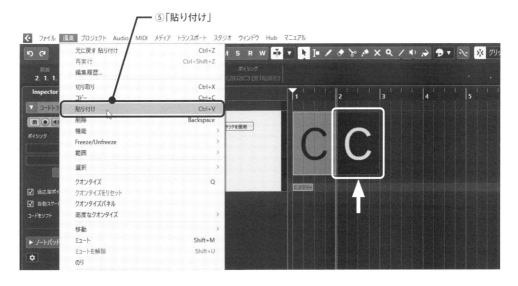

ヒント

ショートカットキー Ctrl + C （コピー）、Ctrl + V （貼り付け）も使えます。

複製

　イベントをクリックして選択、またはドラッグして範囲選択したあと、「編集」メニューの「機能」から「複製」をクリックします。選択されたイベントやデータのすぐ後ろに複製されます。

　ショートカットは、[Ctrl] + [D] キーです。続けて押すとすばやく複製ができて便利です。

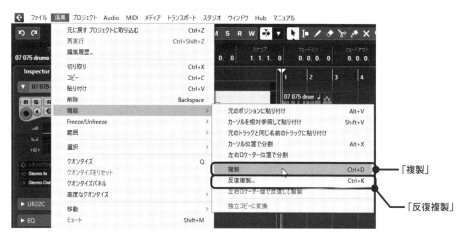

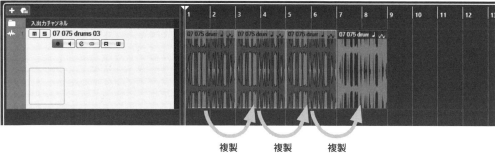

複製　　　複製　　　複製

ヒント

「編集」メニュー→「機能」の中の「反復複製」（上図参照）では、回数を指定して複製できます。たとえば作成した1小節のドラムのパターンを7回複製して8小節にしたい、というようなときに便利です。

選択した音色を確認する方法

付属の VST 音源 HALion Sonic SE で選択した音色を、音を鳴らして確認するには、次の
ような方法があります。

【手順A】

HALion Sonic SE の鍵盤をクリックする

鍵盤をクリックする

【手順B】

外部 MIDI キーボードを弾く

　HALion Sonic SE がアサインされているインストゥルメントトラックの「録音可能」ボタ
ンをクリックしてオン（赤く点灯）にして、接続されている MIDI キーボードを弾きます。

MIDIキーボードの鍵盤を押さえると、インストゥルメントトラックの入力レベルメーターが青く反応します。

「録音可能」ボタン

入力レベルメーターが青く反応する

【手順C】
オンスクリーンキーボードで確認する

【手順B】と同様に、HALion Sonic SE がアサインされているインストゥルメントトラックの「録音可能」ボタンをクリックしてオンにした状態で、「スタジオ」メニューの「オンスクリーンキーボード」をクリック、あるいはショートカットの Alt + K キーを押すと、画面上にオンスクリーンキーボードが表示されます。

Q が「ド（C）」、2 が「ド♯（C♯）」W が「レ（D）」……という配列になっています。ここをクリック、または該当するパソコンキーボードのキーを押します。

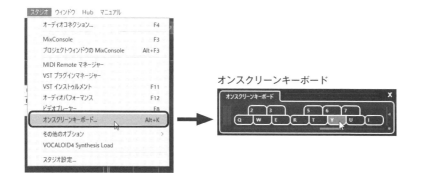

オンスクリーンキーボード

ヒント

オクターブはオクターブバーをクリックして変更します。パソコンキーボードの ← → キーでも操作できます。音の強さであるベロシティは、デフォルトで「100」に設定されています。変更するには、オンスクリーンキーボード右の「◀」で操作します。上にドラッグすると多く（強く）、下にドラッグすると少なく（弱く）なります。

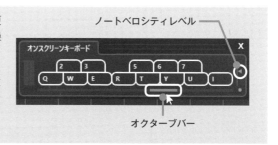

ノートベロシティレベル

オクターブバー

ヒント

オンスクリーンキーボードを使用していると、一部のショートカットが使えなくなってしまうので、音を確認したらもう一度 Alt + K キーを押してもとに戻しておきましょう。

再生などトランスポートの操作

再生などのトランスポートの操作は「トランスポートパネル」でおこないます。デフォルトでは、プロジェクトウィンドウの最下部に表示されています。

これとは別に独立したフローティング状態にできるトランスポートパネルも用意されており、操作しやすい場所にドラッグして移動できます。表示したい場合は、「トランスポート」メニューから「トランスポートパネル」を選択するか、ショートカットである F2 キーを押します。

トランスポートパネルは通常、再生や停止、録音など、基本的な操作のみがおこなえるよう、縮小した状態で開きます。このままだと、早送りや巻き戻しがクリックの操作ではおこなえないので、すべてのトランスポート機能のボタンを表示しておきましょう。

「トランスポートパネル」

基本的な操作のボタンのみ

トランスポートパネルの「録音」ボタン右の「：」部分にカーソルをあわせると、↔になります。その位置を2回クリックすると、トランスポート機能のボタンがすべて表示されます。

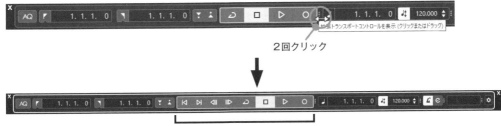

2回クリック

⬇

トランスポート機能のボタンがすべて表示される

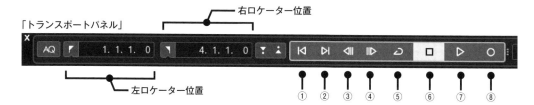

「トランスポートパネル」

右ロケーター位置

左ロケーター位置

① ② ③ ④ ⑤ ⑥ ⑦ ⑧

①「前のマーカー／プロジェクト開始位置へ移動」　②「次のマーカー／プロジェクトの終了位置へ」　③「巻き戻し」
④「早送り」　⑤「サイクル」　⑥「停止」　⑦「開始（再生）」　⑧「録音」

ショートカット（テンキーを使用）
Enter ：開始（再生）
+ ：早送り
− ：巻き戻し
* ：録音
/ ：サイクルオン／オフ
. ：プロジェクト（曲）の先頭に戻る
0 ：停止
1 ：左ロケーター位置へ
2 ：右ロケーター位置へ
3 ～ 9 ：マーカー 3 ～ 9 へ

ヒント

「サイクルオン／オフ」については、69ページ
「サイクル再生」 をご覧ください。

ヒント

テンキーのないノートパソコンなどでは「Num Lock（ナムロック）」キーを押してNum Lock機能を
オンにすると、一部のキーがテンキーの代わりとなり、ショートカットでの操作ができるようになります。
ただしNum Lock機能がオンになっていると一部のショートカットが使えなくなってしまうので、トラ
ンスポートの操作が終わったら、もう一度「Num Lock」キーを押してNum Lock機能をオフにしてお
きましょう。

ヒント

「マーカー」とは、マーカートラック上でセクションなど曲の進行上の節目につける番号（マーク）のこと
で、テンキーの3～9キーを押すことで、それぞれ該当するマーカーの位置へ瞬時に移動できます。マー
カートラックの作成については、巻頭カラーページ **「演奏や情報を記録したり機能を割り当てたりする「ト
ラック」** の **「その他のトラック」**（viページ）をご覧ください。

　Cubaseシリーズでは、再生（開始）、停止、録音などの操作にはテンキーを使ったショー
トカットが割り当てられていることが多いので、テンキーのないノートパソコンなどをお使
いの場合には、USB接続などの外づけテンキーをお使いになることをお勧めします。なお、
「開始（再生）」と「停止」は、メインキーボードのスペースキーでも操作できます。

MIDIエディターの表示

MIDIデータを入力、編集するMIDIエディターには、「キーエディター」、「スコアエディター」、「ドラムエディター」の3種類があります。

入力または編集したいトラックのイベントを選択した状態で、「MIDI」メニューから「キーエディターを開く」、または「ドラムエディターを開く」をクリックします。

「MIDI」メニュー

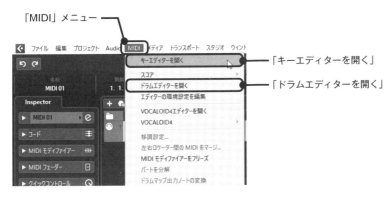

「キーエディターを開く」

「ドラムエディターを開く」

「スコアエディター」の場合はイベントを選択したあと、「MIDI」メニューから「スコア」→「スコアエディターを開く」の順にクリックします。

「MIDI」メニュー　　　　　　　　　　　　「スコア」

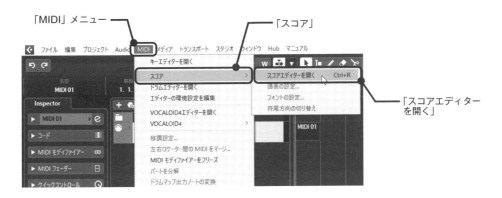

「スコアエディターを開く」

各エディターを閉じるには、右上の「×」ボタンをクリックします。

「閉じる」ボタン

キーエディター

　キーエディターでは、左側に表示された鍵盤で音の高さを、上部のルーラーで小節番号や拍位置を示しています。MIDIデータ（ノート）はブロックで表示され、その位置や長さによって高さ、発音のタイミングや長さを表しています。CubaseでのMIDI入力／編集の中心的存在です。

「キーエディター」

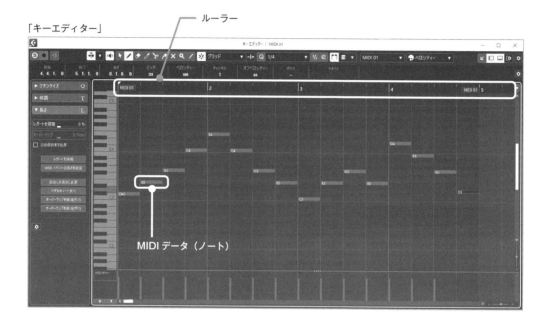

スコアエディター

　スコアエディターは、MIDIデータを文字どおりスコア（譜面）の状態で表示します。キーエディターではタイミングや長さなどがブロックで細かく表示されますが、スコアエディターではそれらのデータが「一番近い音符」に置き換えて表示されるので、入力するデータの楽譜がある場合や楽譜のほうが見慣れているという場合に、入力した音符の確認という用途などで使うといいでしょう。

「スコアエディター」

ドラムエディター

　打楽器には音の長さの観点がないことから、表のような形で MIDI データの発音タイミングだけを表示します。キーエディターでは、左側には音の高さを示す鍵盤が表示されていますが、ドラムエディターでは、キックやスネア、ハイハットなど、ドラムのパーツ名が表示されているので、ドラムの MIDI 入力に慣れていなくても直感的にパターン作成ができます。

ドラムのパーツ名が表示されている

「ドラムエディター」

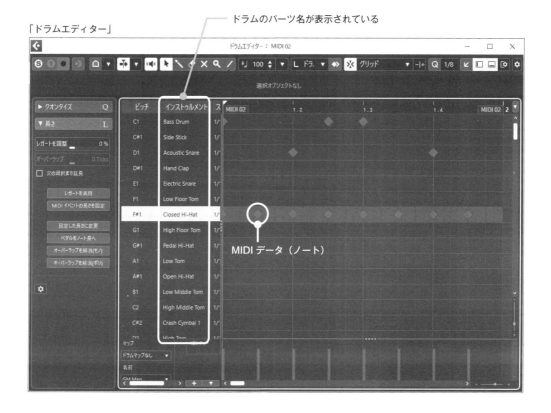

MIDI データ（ノート）

サンプルエディターの表示

　オーディオデータをより緻密に編集する際に使うのが「サンプルエディター」です。

　オーディオイベントをクリックして選択して、「Audio」メニューから「サンプルエディターを開く」をクリックすると開きます。

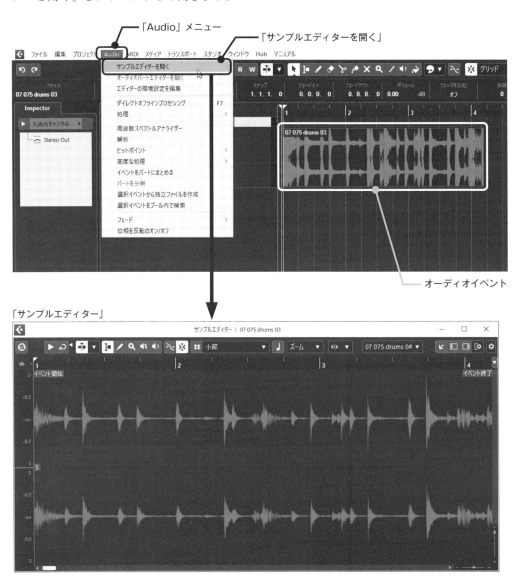

「Audio」メニュー

「サンプルエディターを開く」

オーディオイベント

「サンプルエディター」

クオンタイズプリセット

　プロジェクトウィンドウでイベントを操作する際は、前述の「スナップ」機能を使うと、「グリッドの間隔」で決められた単位で正確に作成／編集することができます。同様に MIDI データを編集する各エディターでは、「クオンタイズプリセット」で音符を作成／編集する際の単位を選択しておくことで、正確に操作することができるようになります。

　たとえば、全音符を 4 分音符の長さに分割する際、「クオンタイズプリセット」を「1/4」にすることで、その 1 小節を 1/4 分割するグリッド線が表示され、その線に沿って作業が正確にできるようになります。

　「クオンタイズプリセット」の変更方法は、「クオンタイズプリセット」欄をクリックし、メニューから単位としたい音符を選択します。

「クオンタイズプリセット」

クオンタイズ

　クオンタイズとは、設定した音符の単位でノートデータを修正する機能です。この際、修正する音符の単位は上記「クオンタイズプリセット」で制御されます。

　クオンタイズを実行するには、「編集」メニューから「クオンタイズ」をクリックするか、ショートカットである$\boxed{\text{Q}}$キーを押します。

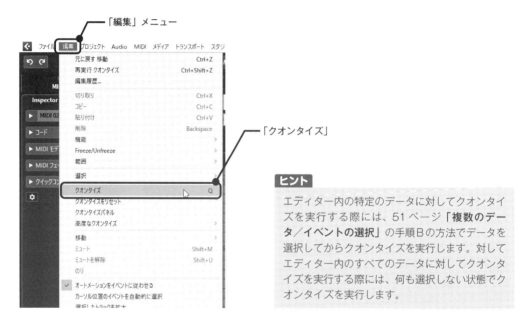

「編集」メニュー

「クオンタイズ」

ヒント

エディター内の特定のデータに対してクオンタイズを実行する際には、51 ページ「**複数のデータ／イベントの選択**」の手順Bの方法でデータを選択してからクオンタイズを実行します。対してエディター内のすべてのデータに対してクオンタイズを実行する際には、何も選択しない状態でクオンタイズを実行します。

実行前　　　　　　　　　　　　　　　　　実行後

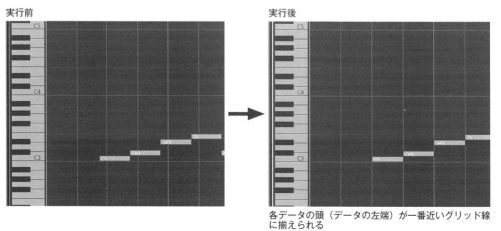

各データの頭（データの左端）が一番近いグリッド線に揃えられる

MediaBay ／ Loop ブラウザー ／ Sound ブラウザーの表示

付属のループや音色などを選択するウィンドウです。

「メディア」メニューから「MediaBay」、「Loop ブラウザー」、「Sound ブラウザー」をそれ
ぞれ選択します。

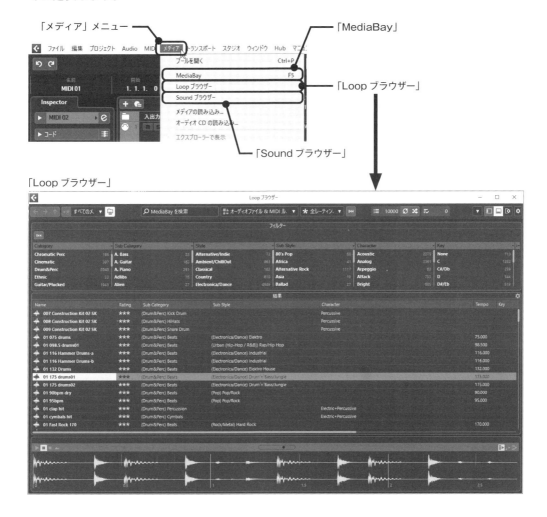

「メディア」メニュー ――

「MediaBay」

「Loop ブラウザー」

「Sound ブラウザー」

「Loop ブラウザー」

ヒント

付属のループや音色などの選択は、右ゾーンの「メディア」タブでもおこなえます。たとえばループファイルを探すときには「ループ＆サンプル」のアイコンをクリックすると、付属しているループがジャンルなどによって分類されて表示されています。ここで「Dum Loops」をクリックすると、ループファイルを探す画面になります。ただし表示が小さいので、本書では「MediaBay」、「Loop ブラウザー」、「Sound ブラウザー」を使って解説します。

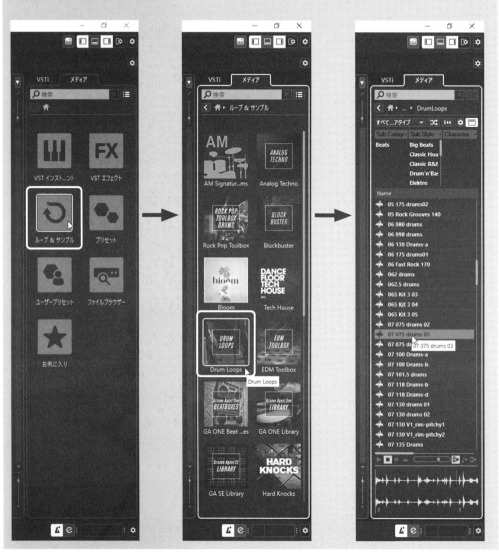

サイクル再生

指定した範囲（小節など）を繰り返し再生する機能です。範囲の指定はトランスポートパネルでおこないます。トランスポートパネルはショートカット**F2**キーで表示／非表示を切り替えることができます。

手順

1 トランスポートパネルの「左ロケーター位置」（①）でサイクル再生の開始位置を、「右ロケーター位置」（②）でサイクル再生の折り返し位置を設定します。

①「左ロケーター位置」

②「右ロケーター位置」

ロケーターに表示されている4つの数字はそれぞれ左から順に「小節、拍、1拍を16で割った数、ティック（16分音符を120で割った数）」を表しています。

通常、範囲は小節単位で設定します。たとえば1～8小節目までに設定したい場合、「左ロケーター位置」を「1.1.1.0」、「右ロケーター位置」を「9.1.1.0」（8小節目の終わり＝9小節目の先頭）に設定します。
変更したい数字をダブルクリックして反転させ、テンキーまたはメインキーボードの数字キーで入力したあと、**Enter**キーを押します。

2 「サイクル」（③）をクリックします。ショートカットはテンキーの/キーです。

③「サイクル」

これで再生させると、「停止」ボタンをクリックするまで、指定した範囲内が繰り返し再生されます。

メトロノームとテンポの設定

リアルタイム入力、ギター/ボーカル録音では、演奏に入るタイミングのためにメトロノーム（クリック）と曲の速度であるテンポの設定をおこなう必要があります。

メトロノーム（クリック）の設定

メトロノーム（クリック）の設定は、プロジェクトウィンドウ下のツールバーでおこないます。

手順

1 「メトロノームクリックを有効化」アイコン（①）をクリックしてオン（点灯）にします。
オンにすると、デフォルトでは再生/録音の際にメトロノームの音が鳴ります。

2 「テンポトラックをアクティブにする」（②）はオフ（消灯）にします。
「テンポトラック」とは、曲にあわせてテンポを変化させる際に使用するトラックで、通常の曲では使用しません。

ヒント

テンポトラックを有効にしたまま、トランスポートパネルでテンポの数値をたとえば「130」に変更すると、テンポトラックへその数値が書き込まれてしまい、またそのあとでテンポトラックを無効にすると、今度はデフォルトのテンポ「120」に戻ってしまいます。こういった誤動作を避けるため、ここでテンポトラックを無効にしておきます。

①「メトロノームクリックを有効化」をオンにする

②「テンポトラックをアクティブにする」をオフにする

テンポの設定

Cubase では MIDI データはもちろん、オーディオデータのテンポもあとから変更できるので、曲作りの最初の段階でテンポを厳密に設定する必要はありません。ただしオーディオデータの場合、大幅にテンポを変えると本来の音質とかなり異なってしまうことがあるので、最終的に設定したいテンポにある程度近い値に設定しておきましょう。ここでは例として「130」に設定してみましょう。

手順

1 トランスポートパネル右端、デフォルトで「120」となっているテンポの数値をクリックして反転させます。

クリック

2 テンキー、またはメインキーボードの数字キーで「130」と入力し、**Enter** キーを押して確定させます。

> **ヒント**
>
> 数値の右側にある「△」または「▽」をクリックすると、テンポの数値を1ずつ増減できます。

元に戻す（アンドゥ）
／再実行（リドゥ）

作業をしていると、思わぬ操作をしてしまい作業をもとに戻したくなったり、もとに戻した作業をまたやりなおしたくなったりすることがあります。そんなときは「編集」メニューから「元に戻す」、または「再実行」をクリックします。「元に戻す」のショートカットは **Ctrl** + **Z** キー、「再実行」は **Ctrl** + **Shift** + **Z** キーです。

「編集」メニュー

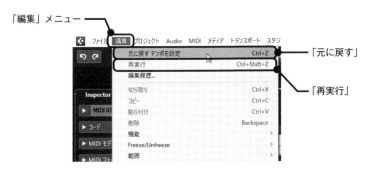

プロジェクトの保存

Chapter 1「Cubase の起動とプロジェクトの作成」（27 ページ）で解説した方法で空（新規）のプロジェクトを作成すると、「ドキュメント」にある「Cubase LE AI Elements Project」フォルダーに自動的に番号がつけられた「名称未設定-○○」というプロジェクトフォルダーが作成されます。これは「steinberg hub」右下、「既存の場所を使用」欄（①）に保存される場所（C:\... ～）が、「プロジェクトフォルダー」欄に作成されるフォルダーの名前（ここでは「名称未設定-48」）が表示されるので確認できます。

プロジェクトを保存する際は、上記フォルダーが自動的に保存場所として指定されます。

楽曲を作りはじめるとき、すでにイメージや曲名などが決定している際には、あらかじめプロジェクトフォルダーに名前をつけておくと、あとからファイルを探すときなどに便利です。「steinberg hub」右下の「プロジェクトフォルダー」欄（上図②）をダブルクリックして、任意のフォルダー名を入力します。

ヒント

一度名前を変更すると、以降に作成するプロジェクトフォルダーにも、同じ名前が使用されます（名前が重複しないよう自動で末尾に番号が振られます）。必要に応じて、そのつど名前をつけなおしてください。

手順

1 「ファイル」メニュー（①）から「名前をつけて保存」（②）をクリックします。

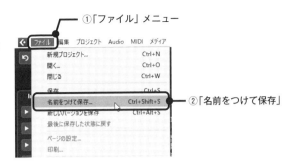

①「ファイル」メニュー

②「名前をつけて保存」

2 「名前を付けて保存」ウィンドウが開きます。

3 「ファイルの場所」（③）では前述のフォルダーが選択されているので、「ファイル名」（④）にプロジェクトのファイル名を入力して「保存」（⑤）をクリックします。

わかりやすいプロジェクト名をつけておくように心がけましょう。たとえば「作成した日付」、「何を作ったか」、「曲の雰囲気」などにしておくと、あとからでも探しやすいはずです。

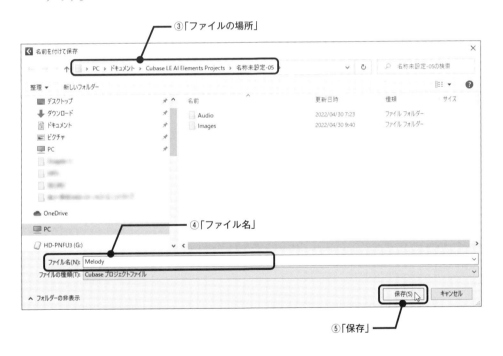

③「ファイルの場所」

④「ファイル名」

⑤「保存」

　一度名前をつけて保存したあとは、「ファイル」メニューから「保存」をクリックするか、ショートカットの Ctrl + S キー を押すだけで上書き保存ができます。

プロジェクトを閉じる

Cubase のアプリケーションは起動したまま、現在使用中のプロジェクトだけを閉じたいというような場合は、「ファイル」メニューから「閉じる」をクリックすると、プロジェクトだけが閉じます。

「ファイル」メニュー

「閉じる」

ヒント

アプリケーションを終了したい場合は、「ファイル」メニューの「終了」をクリックします。

プロジェクトを開く

保存してあるプロジェクトを開きます。

手順

1 Cubase を起動すると開く「steinberg hub」ウィンドウで、「最近使用したプロジェクト」（①）をクリックします。

2 表示されるリストから目的のプロジェクトファイル（②）をクリックして、「開く」（③）をクリックします。

①「最近使用したプロジェクト」 ②目的のプロジェクトファイル

④「他のファイルを開く」 ③「開く」

ヒント

「最近使用したプロジェクト」のリストに目的のファイルがない場合は、「他のファイルを開く」（上図④）をクリックし、プロジェクトが保存されている場所（デフォルトでは「Cubase LE AI Elements Project」）を開き、該当するプロジェクトのファイルを選択して「開く」をクリックします。

■動画でもチェックしてみよう！

　ここまで設定方法などを解説してきましたが、音が出ないときのチェック方法や知っておくと便利な項目を「Cubase AI ／ LE 12 のヒント」として動画でも確認できるようにしました。

YouTube へのアクセスはこちらから
➡ https://www.stylenote.co.jp/0198/

　また、Chapter 11「YouTube 連動！　ギター弾き必見！　リフ を形にしよう」での実際の手順も同じ URL でご覧いただけます。今後もコンテンツを増やしていく予定です。

コードトラックを使って
簡単！ 伴奏作り

・・・

音楽制作も Cubase もはじめてという方のために、Cubase のコードトラックを使ったお手軽な伴奏作りの方法を解説します。この Chapter での操作は、コードの入力とイベント編集、コピペなどの作業のみなので、MIDI データの入力などが苦手な方でも気軽にトライしていただけます。

コードトラックの準備

本 Chapter では、コードトラックに入力したコードをもとに、伴奏パートを作成します。まずはじめに、コードを入力するコードトラックを準備します。

手順

1 プロジェクトの作成

Chapter 1「Cubase の起動とプロジェクトの作成」（27 ページ）を参考に、空の状態でプロジェクトを作成します。

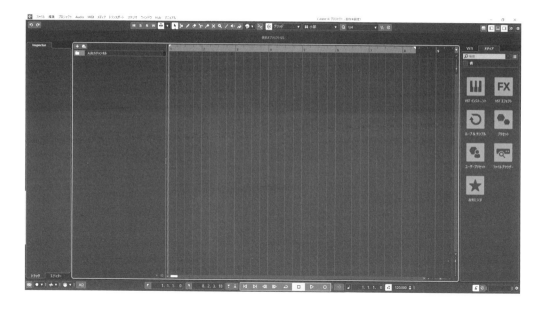

2 コードトラックの作成

Chapter 2「新規トラックの作成」（48 ペ ー ジ）を参考に、いずれかの方法でコードトラックを作成します（①）。

①コードトラックを作成する

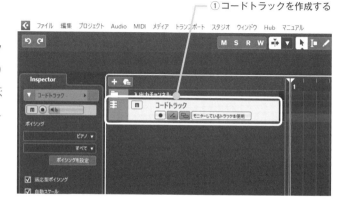

3 プロジェクトを適正な表示にする

これから1～8小節目にコードを入力します。

入力する小節全体が見渡せるよう、**Chapter 2「プロジェクト／エディター内の拡大と縮小」**（52ページ）を参考に、ショートカットである H キー（横方向への拡大）や G キー（横方向への縮小）を押すなどして、プロジェクトゾーンに1～8小節目がちょうどよく表示されるよう（②）、表示サイズを調整します。

② 1～8小節目を表示する

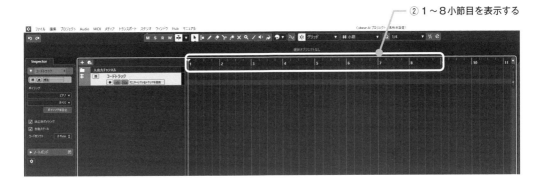

ヒント

トラックの縦幅は、広すぎたり狭すぎたりすると、コードイベントがトラックからはみ出したり重なったりするなど正常に表示されないことがあります。コードトラックの下端が左ゾーンの「Inspector（インスペクター）」に表示されている「ボイシング」という文字の位置にくるよう、縦幅を調整してください。

縦幅の目安

---

4 スナップを「拍」でオンにする

Chapter 2「スナップのオン／オフ」「グリッドの間隔の設定」（47ページ）を参考に、「スナップオン／オフ」（③）をオンに、「グリッドの間隔」（④）を「拍」（⑤）にします。

④「グリッドの間隔」

③「スナップオン／オフ」

⑤「拍」

---

5 左ゾーンの「Inspector（インスペクター）」にある「適応型ボイシング」（⑥）と「自動スケール」（⑦）のチェックをクリックしてはずします。

「適応型ボイシング」は自動的にボイシング（コード音の重ね方）を自動的に変化させるもので、「自動スケール」はコードにあったスケール（音階）を表示するものです。どちらも曲にバリエーションを加えるものですが、まずは基本形を学ぶために両方とも無効にします。

また Cubase 12 シリーズでは、コードトラックに新たに追加された「スケールを表示」ボタン（⑧）がデフォルトでオンになっているため、上記「自動スケール」を無効にしても数値でスケールが表示されるようになっています。これも表示が煩わしいので、クリックして無効にしておきましょう。

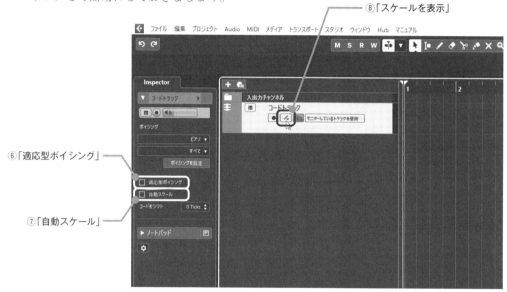

⑧「スケールを表示」

⑥「適応型ボイシング」

⑦「自動スケール」

コードを入力する

これから作成したコードトラックの1～8小節目に、次図のようにコードを入力します。

■コードイベントを作成する

まずは、コードを入力するためのコードイベントを作成します。

上図を見ると、使われているコードは「C」と「G」の2種類だけであることがわかります。同じコードはあとでコピペして作成するため、ここで実際にコードイベントを作成するのは、1小節1拍目と4小節3拍目の2ヵ所になります。

手順

1 Chapter 2「ツールの選択」（46ページ）を参考に、右クリック、ツールボックス、あるいはショートカットである **8** キーを押す、いずれかの方法で、鉛筆ツール に持ち替えます。

鉛筆ツール

2 1小節1拍目、4小節3拍目をそれぞれクリックして、コードイベントを作成します。

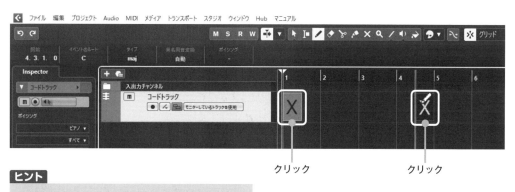

クリック　　　　クリック

ヒント

新規に作成したコードイベントには、コードを入力するまで「X」が表示されます。

Chapter 3　コードトラックを使って簡単！伴奏作り　　　81

■コードを入力する

1 Chapter 2「ツールの選択」（46 ページ）を参考に、右クリック、ツールボックス、あるいはショートカットである1キーを押す、いずれかの方法で、オブジェクトの選択ツール▶（①）に持ち替えます。

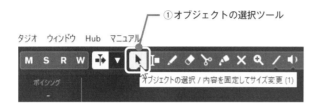

①オブジェクトの選択ツール

2 1小節1拍目のコードイベントをダブルクリックすると（②）、コードエディターが表示されます（③）。

3 1小節目のコードは「C」なので、一番左のリストから「C」をクリックします（③）。

4 「⇨」をクリックして（④）次のコードイベントへ移動します。

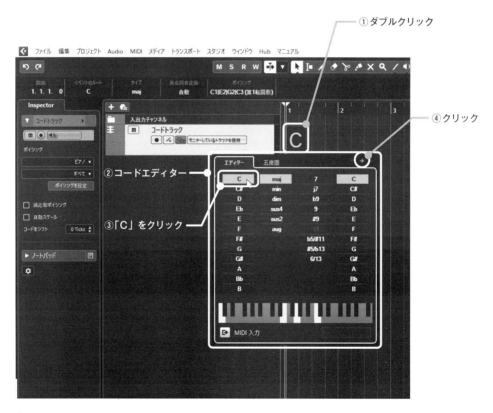

①ダブルクリック

④クリック

②コードエディター

③「C」をクリック

5 4小節3拍目のコードイベントが選択されるので、コードエディターで一番左のリストから「G」（⑤）をクリックします。

⑤「G」をクリック

ヒント

コードエディターには、左からコードの「ルート（根音）」、「コードタイプ」、「テンション」、「ベース音*」が表示されており、入力するコードの種類（メジャー、マイナーなど）によって各項目を選択します。この項で使用しているコードはCメジャーとGメジャーなので、本来は2つ目の「コードタイプ」のリストからメジャーを表す「maj」を選択するのですが、メジャーコードの場合、コードのルートを選択すれば自動的に「maj」が選択され、メジャーコードとして入力されます。ちなみに「Am7/G」というコードを入力する場合、左から「A」「min（マイナー）」「7」「G」というように選択します。

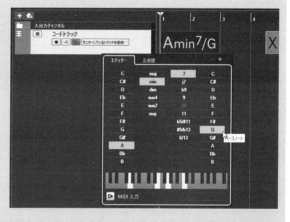

＊ベース音：オンベース。On Bass。コードの中でルート音以外の音をベース音として使うコードで、ベース音はスラッシュ（/）を使った分数の分母の形で示されることが多い。

　コードを入力し終わったらプロジェクトゾーンの何もないところをクリックして、コードエディターを閉じます。

■同じところのコードをコピペする

　Chapter 2「コピー＆ペースト（コピペ）」（54ページ）を参考に、同じコードのところはコピー＆ペースト（コピペ）して効率よく作業しましょう。

1 1小節1拍目に作成した「C」のコードイベントを、**Alt**キーを押しながらドラッグ＆ドロップして、2、3、4小節にコピペします。

ヒント

「**ペースト先指定型コピペ**」（55ページ）でのコピペでもOKです。

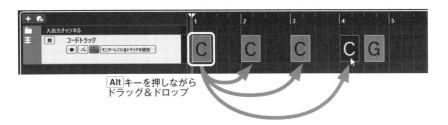

2 Chapter 2「**複数のデータ／イベントの選択**」（51ページ）を参考に、1～3小節目のコードイベントを選択して、同様の手順で5～7小節目にまとめてコピペします。

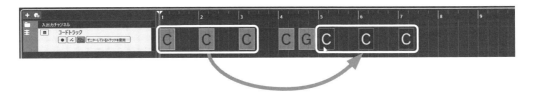

3 4小節目の「G」のコードイベントを8小節目の先頭にコピペします。

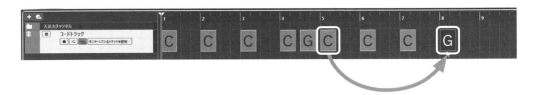

4 7小節目の「C」のコードイベントを8小節目の3拍目にコピペします。

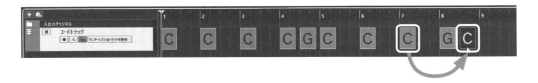

全体でこのようになっているはずです。

コードの音を鳴らす

コードトラックに入力したコードの音を鳴らしてみましょう。

音を鳴らすには、付属の VST インストゥルメント「HALion Sonic SE」を鳴らすインストゥルメントトラックを作成して、コードトラックと接続します。

HALion Sonic SE については、巻頭カラーページ **「幅広いジャンルに対応する VST インストゥルメント」**（viii ページ）もご覧ください。

Chapter 3

■インストゥルメントトラックを作成する

手順

1 Chapter 2「**新規トラックの作成**」（48 ページ）を参考に、いずれかの方法でインストゥルメントトラックを作成します。

「トラックを追加」ウィンドウが開きます。「インストゥルメント」欄（①）は、デフォルトでは「HALion Sonic SE」が選択されていますが、なんらかの作業をして違っている場合には右にある「▼」をクリックしてメニューから「HALion Sonic SE」選択し、「トラックを追加」をクリックします（②）。

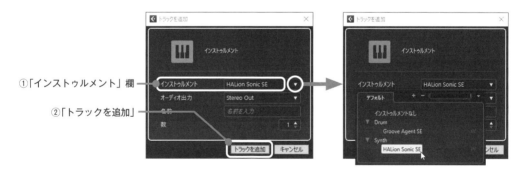

①「**インストゥルメント**」欄

②「**トラックを追加**」

HALion Sonic SE が起動し、「HALion Sonic SE 01」というインストゥルメントトラックが作成されます。

Chapter 3　コードトラックを使って簡単！ 伴奏作り　　85

■コードを鳴らす音色を選ぶ

HALion Sonic SE は、起動したばかりの状態では音色が選択されていないので、コードを鳴らす音色を選択しましょう。

音色を読み込む場所を「スロットラック」といい、このスロットラックには 16 個のスロットがあります。スロットラックの最上部のスロット「1 (パート)」で、エレクトリック・ピアノ (エレピ) の音色を選択します。

手順

1 スロットラックの最上部のスロット、「1 (パート)」右端の「▼ (Load Program)」ボタン (①) をクリックします。

①「Load Program」ボタン

HALion Sonic SE のプリセットブラウザーが開きます。

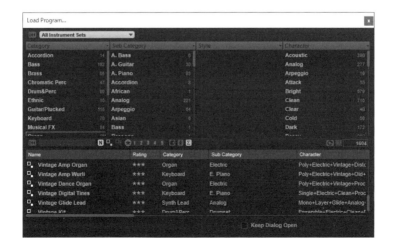

2 「Category」欄で「Keyboard」（②）、「Sub Category」で「E.Piano」（③）、「Character」
で「Rich」（④）をクリックして選択すると、下の結果リスト欄に「［GM 006］Electric
Piano 2」（⑤）が表示されます。これをダブルクリックすると音色が読み込まれ、ブラウ
ザーが閉じます。

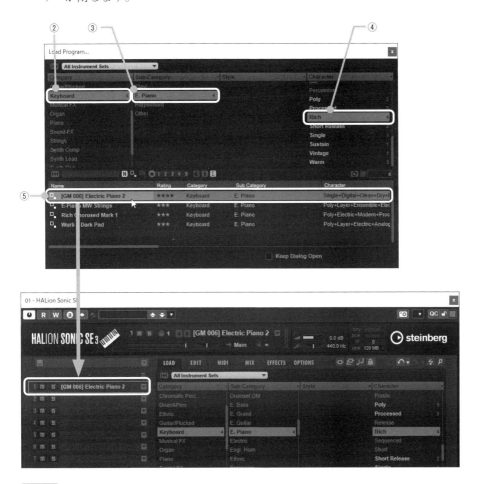

ヒント

音色を選んだあと、ダイアログを閉じる

HALion Sonic SE には、「Keep Dialog Open」という
機能があり、チェックを入れておくと、パートに音色を選
択したあとも、音色を選択するウィンドウ（ダイアログ）
が開いたままになります。すでに曲の中で使うパートがす
べて用意され、それぞれの音色が決まっている場合には、
続けて操作ができ便利なのですが、ここでは、このあとコー
ドの音を確かめたり、別のパートの MIDI トラックを作成
したりする作業があるので、音色を選択したらダイアログ
が閉じるよう「Keep Dialog Open」をクリックしてチェッ
クをはずしておきましょう。チェックをはずしておくと、
音色をダブルクリックして選択すると同時に、ダイアログ
が自動的に閉じます。

チェックをはずしておく

■音色を確認する

Chapter 2「選択した音色を確認する方法」（57 ページ）を参考に、HALion Sonic SE の鍵盤をクリックする、またはオンスクリーンキーボードや MIDI キーボードを操作するなどして、読み込んだエレピの音色を確認してみましょう。

■コードトラックを再生する

コードトラックに入力したコードイベントのコードを HALion Sonic SE で選択したエレピの音で鳴らします。

手順

1 コードトラックは、デフォルトでは選択されているトラックの音が鳴る仕組みになっています。ここでは作成した HALion Sonic SE のトラックの音を鳴らすので、作成したトラックをクリックして選択しておきます（①）。

②「HALion Sonic SE 01」

2 Chapter 2「再生などトランスポートの操作」（59 ページ）を参考に、トランスポートパネルの「開始（再生）」ボタン（②）をクリックするか、ショートカットの Enter キーを押すなどして曲を再生します。

③「停止」　　　　　②「開始（再生）」

コードイベントを作成したタイミングにあわせて、エレピの音でコードの音が再生されます。再生が終わったら、トランスポートパネルの「停止」ボタン（上図③）、あるいはショートカットの 0 キーを押すなどして曲を停止させておきましょう。

このあとエレピやベース、ギターなどのパートのトラックを作成していきます。新しいパートを作成したあとは、上記手順を参考に、どんな音で鳴るかを再生して確認しましょう。

コードトラックを
エレピのパートに変換する

　コードトラックのイベントは、コードトラックにある間は編集ができず、思いどおりの曲の伴奏にすることができません。そこで、エレピのトラックに移動して、実際の演奏データ（MIDI データ）に変換します。

手順

1 コードトラックをクリックして選択した状態で（①）、左ゾーン（②）にある「ボイシング」の欄（③）を「ピアノ」にします（④）。

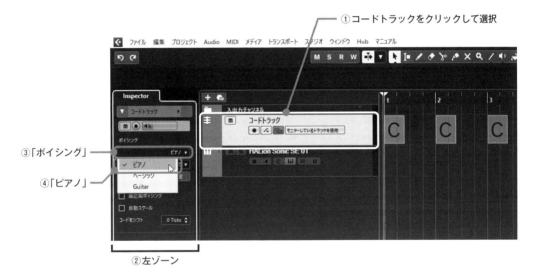

①コードトラックをクリックして選択

③「ボイシング」

④「ピアノ」

②左ゾーン

ヒント

ボイシングとは

「ボイシング」とは、コードを構成する音の並べ方のことです。

● **「ピアノ」**
　左手でベースを、右手でのコードを展開します。たとえばコード「C」の場合、左手は「ド」、右手は「ミ、ソ、ド」というように展開します。
● **「ベーシック」**
　いわゆる基本的な音の並べ方です。コード「C」なら「ド、ミ、ソ」になります。
● **「ギター」**
　ギター特有の音の並べ方です。コード「C」なら「ド、ソ、ド、ミ」になります。

2 コードイベントを囲むようにドラッグして、すべてのコードイベントを選択します。

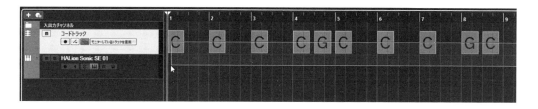

3 選択した任意のコードイベントを、すぐ下の「HALion Sonic SE 01」トラックにドラッグ＆ドロップします。

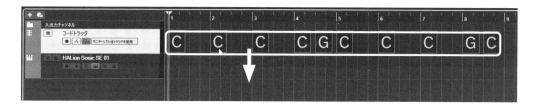

「HALion Sonic SE 01」トラックに、コードの音が入った MIDI イベントが作成されます。

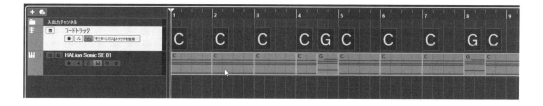

4 これですべてのコードイベントのデータが MIDI データに変換され、「HALion Sonic SE 01」トラックで鳴るようになります。

ただしこのままだとコードトラックの音と二重に鳴ってしまうので、コードトラックの「m（ミュート）」ボタン（⑤）をクリックしてオレンジ色に点灯させて、音が鳴らないようにします。

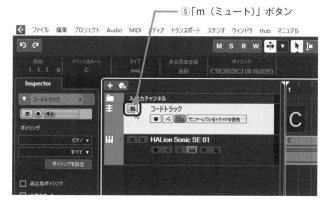

⑤「m（ミュート）」ボタン

エレピのパートから
ベース・パートを作成する

　前述のとおり、コードイベントからエレピのパートの MIDI データに変換するときのボイシングは「ピアノ」でした。「ピアノ」のボイシングでは、右手と左手でコードが構成されています（89 ページ**「ヒント　ボイシングとは」**参照）。このうち左手パートの音はバンド演奏のベースギターに相当するので、今度はエレピのデータから左手パートをコピーしてベース・パートを作成します。

■ベース用の MIDI トラックを作成する

　HALion Sonic SE は、1 つのインストゥルメントで 16 のパートの音を同時に鳴らすことができます。ベース・パートも先ほど起動した HALion Sonic SE の残りのパートを使って鳴らします。

> **手 順**

1 MIDI トラックを作成します。

「HALion Sonic SE 01」トラックのすぐ下にベースのトラックを作りたいので、「HALion Sonic SE 01」トラックを選択した状態で（①）、**Chapter 2「新規トラックの作成」**（48 ページ）を参考に、MIDI トラックを作成します。

①「HALion Sonic SE 01」トラックを選択

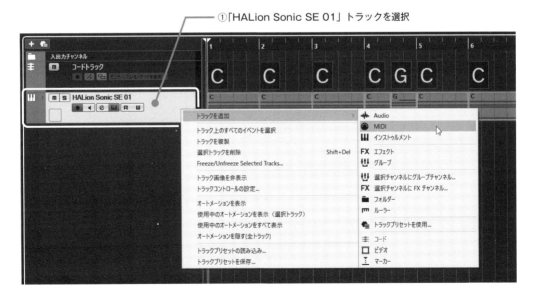

「トラックを追加」ウィンドウが
開いたら、「数」（②）は「1」の
まま「トラックを追加」（③）を
クリックします。

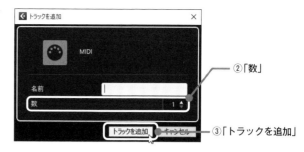

②「数」

③「トラックを追加」

「MIDI 01」という MIDI トラッ
ク（④）が、選択していた「HALion
Sonic SE 01」トラックのすぐ下
に作成されます。

④「MIDI 01」トラック

ヒント

HALion Sonic SE を選択したイン
ストゥルメントトラックを作成後に
MIDI トラックを作成すると、そのト
ラックの左ゾーンの「アウトプット
のルーティング」欄は自動的に「01
HALion Sonic SE-MIDI」となり、さ
らに「（MIDI）チャンネル」も自動的
に若い番号から順に空いているチャン
ネルが選択され、HALion Sonic SE
のパートと合致して音が鳴ります。
もしこのあとの作業で「ベースの音が
鳴らない」という場合には、ベース・
パートのトラックを選択し、左ゾー
ンの「アウトプットのルーティング」
と「チャンネル」が、それぞれ「01
HALion Sonic SE-MIDI」「2」となっ
ているかどうかを確認してください。

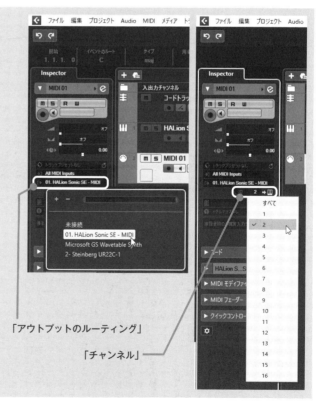

「アウトプットのルーティング」

「チャンネル」

■HALion Sonic SE でベースの音色を読み込む

ここでは、HALion Sonic SE の2パート目にエレキベースの音色を読み込みます。

86ページ「コードを鳴らす音色を選ぶ」を参考に2パート目右端の「▼（Load Program）」ボタン（①）をクリックして、プリセットブラウザーの「Category」欄で「Bass」（②）、「Sub Category」欄で「E.Bass」（③）、「Character」欄で「Percussive」（④）をクリックして選択し、「結果」欄から「［GM 037］Slap Bass 1」（⑤）をダブルクリックします。

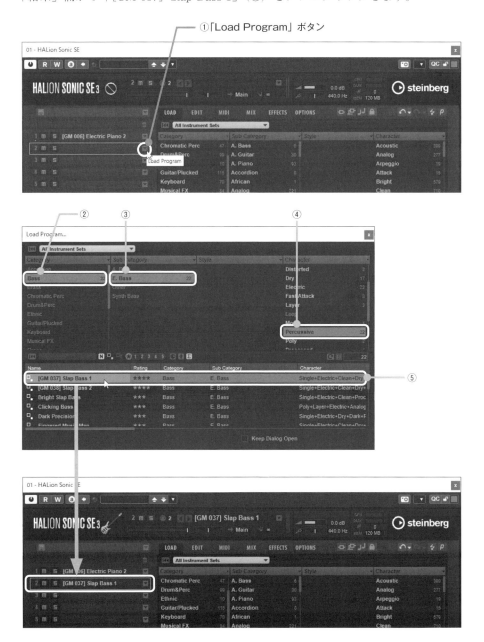

①「Load Program」ボタン

■エレピ・パートのデータを１つのイベントにまとめる

　現在、エレピ・パートの MIDI データは、コード単位のイベントになっていますが、この
あとのコピペやデータ選択などの編集操作がしやすいように、のりツール🖌を使って１つの
イベントにまとめておきます。

手 順

1 Chapter 2「複数のデータ／イベントの選択」（51 ページ）を参考に、エレピのイベ
ントすべてを選択します。

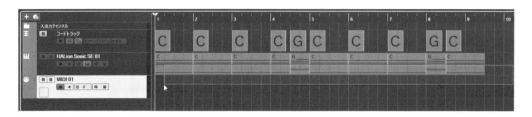

2 Chapter 2「ツールの選択」（46 ページ）を参考にのりツール🖌（①）に持ち替え、
手順１で選択した任意のイベントを１つクリックして（②）、１つのイベントに合体させ
ます。

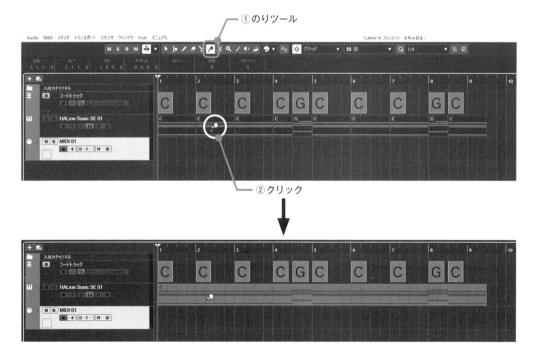

　作業が終わったら、オブジェクトの選択ツール🖱に持ち替えておきます。

■エレピ・パートのデータをコピペし、左手パートのデータのみ残す

手順

1 Chapter 2「コピー＆ペースト（コピペ）」（54 ページ）を参考に、エレピ・パートのイベントをベース・パートの MIDI トラックにコピペします。

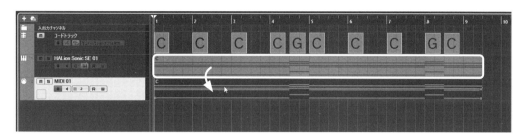

2 Chapter 2「MIDI エディターの表示」（61 ページ）を参考に、「MIDI」メニュー（①）から「キーエディターを開く」（②）をクリックしてキーエディターを開きます。

3 Chapter 2「プロジェクト／エディター内の拡大と縮小」（52 ページ）を参考に、次ページ図のようにデータ全体が見渡せ、かつ各ブロックに音名が表示されるよう、表示サイズを調整しておきます。

ヒント

縦方向に拡大すると、ブロックに音名が表示されるようになります。

4 上側のデータが右手パートのコードのデータで、一番下、単音が続いているのが左手パートのベースのデータです。上側の右手パートのデータを選択します。

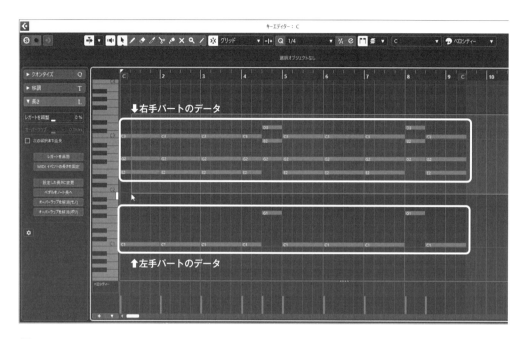

5 パソコンキーボードの Delete キーを押して右手パートのデータを消去します。

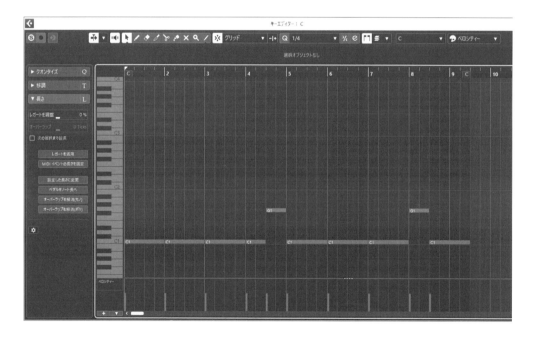

これでベース・パートができあがりました。

■ベースのデータを分割してリズムに変化をつける

　エレピ＋ベースとなりサウンドの幅は広がりましたが、どちらも音を「じゃ～ん」と全音符の長さで伸ばしているだけなので、今ひとつ躍動感に欠けます。

　そこで、ベースのデータを分割してリズム感が出るようにしてみましょう。ここでは全音符を分割して4分音符にします。

手順

1　操作の対象にする単位を4分音符にする

　ここでは、音符を分割して4分音符に変更するので、「クオンタイズプリセット」（①）を「1/4（4分音符）」（②）に変更します。

> **ヒント**
>
> 「クオンタイズプリセット」については、**Chapter 2「クオンタイズプリセット」**（65ページ）をご覧ください。

①「クオンタイズプリセット」

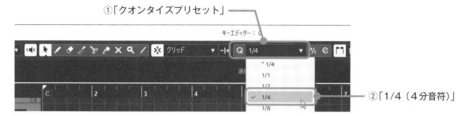

②「1/4（4分音符）」

2　Chapter 2「ツールの選択」（46ページ）を参考に、はさみ（分割）ツール✂に持ち替え、グリッド線に沿って各ブロックをクリックして（③）分割していきます。

　これでデータが4分音符の長さになります。

③グリッド線に沿ってクリック

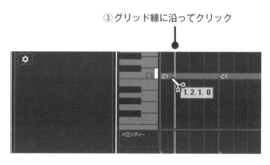

　最後の9小節目まで伸びている部分（次図◯で囲った「C1」）はエンディングに使うので、分割せずそのままにしておきます。

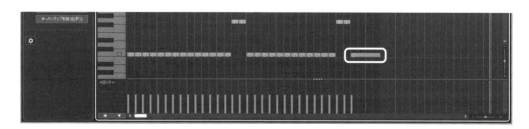

　これでリズムが出てきて躍動感のあるベースになりました。

　編集がすんだら、右上の「×（閉じる）」ボタンでエディターは閉じておきましょう。

ギター・パートの作成

　ポピュラー音楽では、ギターも伴奏パートとしてよく使われます。最後にコードトラックからデータを変換してギター・パートを作成してみましょう。

　ギターらしいコードにするために、「ボイシング」を「Guitar」に変更して作成します。

手順

1　コードトラックを選択した状態で（①）、左ゾーン（②）の「ボイシング」欄（③）をクリックして「Guitar」（④）にします。

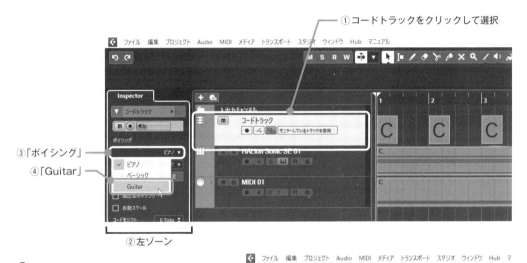

①コードトラックをクリックして選択

③「ボイシング」
④「Guitar」
②左ゾーン

2　ベース・パートである「MIDI 01」を選択した状態で、**Chapter 2「新規トラックの作成」**（48 ページ）を参考に、ベース・パートのすぐ下にギター・パート用の MIDI トラック「MIDI 02」を作成します（⑤）。

⑤ギター・パート用の MIDI トラック

3 89 ページ「コードトラックをエレピのパートに変換する」の手順2以降を参考に、コードイベントを「MIDI 02」トラックにドラッグ＆ドロップします。

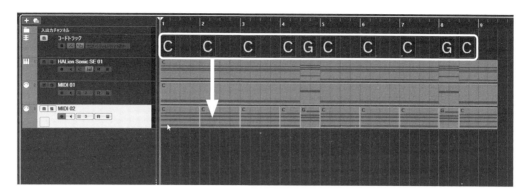

4 86 ページ「コードを鳴らす音色を選ぶ」を参考に、HALion Sonic SE の3パート目にギターの音色を読み込みます。ここでは「Guitar/Plucked」（⑥）→「A.Guitar」（⑦）→「Acoustic」（⑧）→「［GM 026］Steel Guitar」（⑨）を選択します。

これでギター・パートも作成できました。

トラックの名前をパート名に変更する

　伴奏ができあがったところで、トラックの名前をパート名に変更しておきましょう。こうすれば、各トラックの割り当てがひと目でわかるようになります。

手 順

1 トラックリストの「HALion Sonic SE 01」という部分をダブルクリックして反転させます（①）。

2 「E.Piano」と入力して、Enter キーを押して確定します。

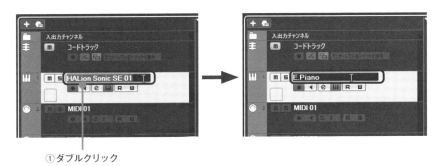

①ダブルクリック

3 以降、上から順に「E.Bass」「A.Guitar」と入力しておきましょう。

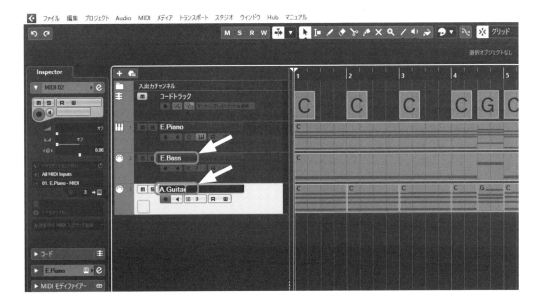

保存

　ここで作った伴奏（バックトラック）は、次の Chapter でも使用します。名前をつけて保存しておきましょう。

　Chapter 2「プロジェクトの保存」（72 ページ）を参考に、「ファイル」メニューから「名前をつけて保存」をクリックすると「名前を付けて保存」ウィンドウが開きます。保存場所は自動的に指定される「名称未設定 - ○○」フォルダー（○○には自動的に割り振られる数字が入ります）のまま、「ファイル名」のところにプロジェクトファイルの名前、たとえば「Back Track」と入力し、「保存」をクリックします。

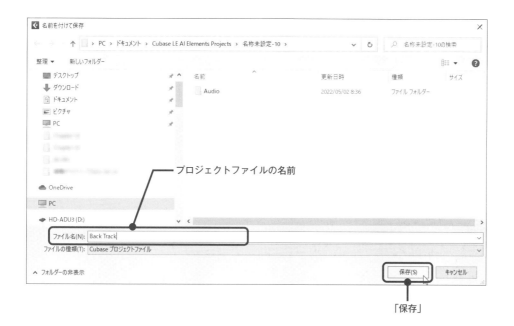

プロジェクトファイルの名前

「保存」

コードパッドを曲作りに活用しよう！

　Cubase にはコードトラックのほかに「コードパッド」というコードの構成音があらかじめ割り当てられているパッドが装備されています。パッドをクリック、あるいは MIDI キーボードを弾くと、アサインされているコードの音が鳴るのはもちろん、パッドそのものをコードトラックにドラッグすれば、そのコードが配置できるので、思いついた響きをそのまま曲作りに生かすこともできます。

　また、このコードパッドには「定番的なコード」が用意されたプリセットも装備されているので、曲作りをスムーズかつ失敗なく進められる、というメリットもあります。

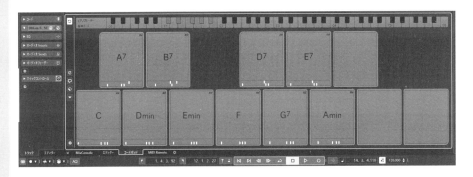

　ここでは、コードの音を鳴らしながら、コードのプリセットを試し、コードパッドにコードを配置して、曲の骨格を作る作業をやってみましょう。ここでは 8 小節のコード進行を作ります。

■ コードを鳴らす準備

手順

1 Chapter 1「Cubase の起動とプロジェクトの作成」（27 ページ）を参考に、空の状態でプロジェクトを作成します。

2 Chapter 2「新規トラックの作成」（48 ページ）と Chapter 3「インストゥルメントトラックを作成する」（85 ページ）を参考に、HALion Sonic SE がアサインされたインストゥルメントトラックを作成します（①）。

3 「コードを鳴らす音色を選ぶ」（86 ページ）を参考に HALion Sonic SE でコードを鳴らす音色を選びます。

ここでは Chapter 2 と同じ「[GM 006] Electric Piano 2」を選択しますが、好みの楽器があればそれでもかまいません。

ヒント

歪んだ音（ディストーションギター / オルガンなど）や、余韻が極端に短い音などはコードが聞き取りにくいので、エフェクトがかかっていないピアノ系、アコースティックギター、エレキギターでもクリーン系がおすすめです。

ヒント

コードを入力したあとでも音色を変更することができます。

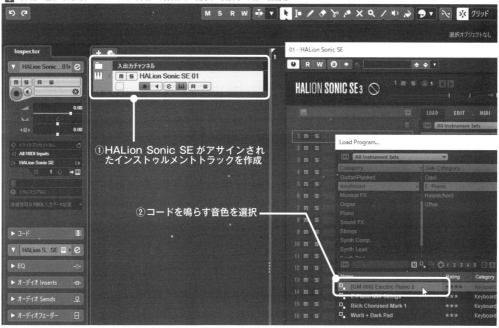

①HALion Sonic SE がアサインされたインストゥルメントトラックを作成

②コードを鳴らす音色を選択

4 「プロジェクト」メニュー（①）から「コードパッド」、「コードパッドを表示 / 隠す」をクリックします。

①「プロジェクト」メニュー

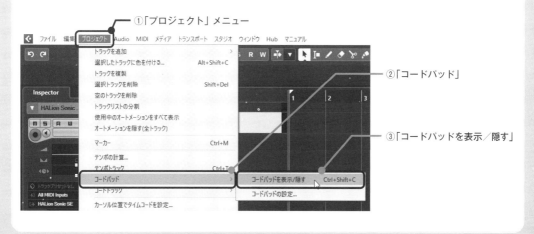

②「コードパッド」

③「コードパッドを表示／隠す」

　コードパッドが開きます。デフォルトでは、左端が「C」からはじまるプリセットが選択されています。

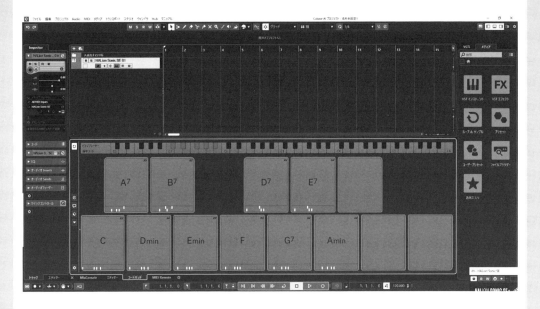

音を確認する

　それでは各パッドをクリックしてみます。たとえば「C」をクリックするとCコードの音が鳴ります。

「C」をクリック

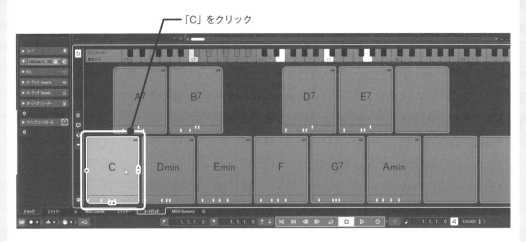

ヒント

コードパッドは選択されているトラックに割り当てられた音色で鳴ります。現在は HALion Sonic SE のトラックのみなので、自動的に HALion Sonic SE の音が鳴りますが、複数のトラックが存在する場合、必ずコードを鳴らすトラックを選択しておいてください。

■コードのプリセットの選択

　コードパッドにはさまざまなジャンルやスタイルの音楽に対応できるようにコードのまとまりがプリセットして用意されています。ここではプリセットをいくつか試してみましょう。

手順

1 「コードパッドのプリセット」のアイコン（①）をクリックします。

2 「コードパッドの読み込み」（②）をクリックします。

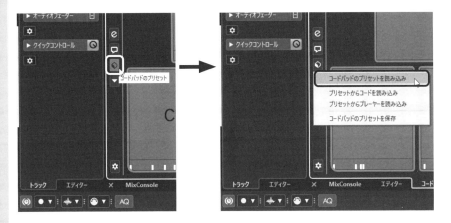

ヒント

プリセットには、コードとプレーヤー（ピアノかギターのボイシング設定）が含まれています。コードだけを読み込みたいときには「プリセットからコードを読み込み」を選択し、ボイシング設定だけを読み込みたいときには「プリセットからプレーヤーを読み込み」を選択します。ここではボイシング設定を含んだコードを読み込みたいので「プリセット」を選択しています。

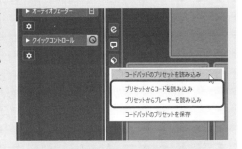

プリセットのリストが開きます。

応 用

■おすすめプリセット

基本のダイアトニックコードプリセット

「Major Scale Key」と「Minor Scale Key」

一般的なポップスなどで使われるコードは、キーのスケールに3度、5度（または半音下の5度）の音を重ねた「トライアド」です。それがキーごとに選択できるのが、「Major Scale Key」と「Minor Scale Key」です。

Major Scale Key

Minor Scale Key

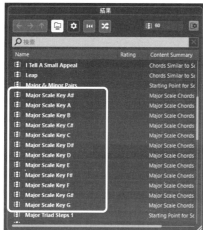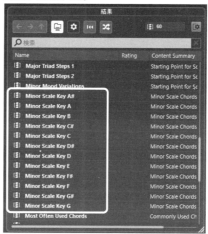

たとえば「Major Scale Key C」を選択すると、図のようにCのスケール上のコードが並べられます。もちろんメジャー（無印）とマイナー（min）の区別も付けられています。作りたい曲のキーに合わせて選択してください。

> **ヒント**
>
> フラットキーはすべてシャープキーで表されています。たとえばB♭はA♯、E♭はD♯に置き換えて選択してください。

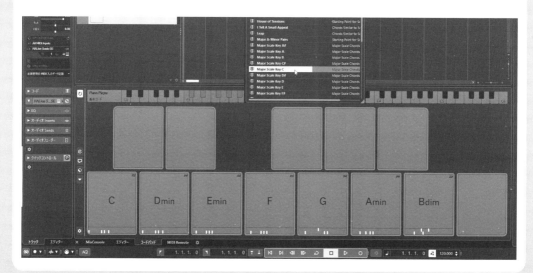

おしゃれフレーバーたっぷりのコードプリセット
House of Tensions

いわゆる「テンションノート」を盛り込んだ、少し複雑でかつマイナーコードながら明るさも感じさせるコードが並べられています。「Cmin7/9」と「Fmin7/9」のパッドを繰り返し鳴らしているだけでもどことなくおしゃれな雰囲気になります。テンションコードは正しい知識がないとなかなか使えないコードですが、定番コードのプリセットなのですぐに曲作りに生かすことができます。

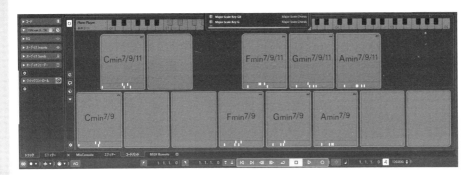

ジャズの名曲がすぐ弾けるセブンスノートを加えたコードプリセット
White At Seven

前述の「Major Scale Key」が三和音だったのに対して、さらにもう1つセブンスの音を加えた4和音のコードプリセットです。たとえば「Dmin7」→「G7」→「Cmin 7」→「Fmaj7」→「Bm7/b5」と鳴らしていくと、おしゃれなジャズ風のコード進行ができあがります。

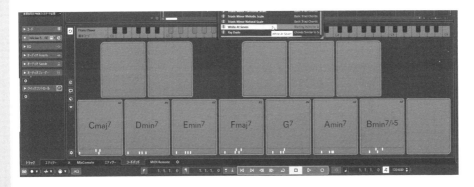

ヒント

マイナーキーのコード進行を作りたい場合、たとえばAマイナーとCメジャーは使用するコードタイプが同じ（平行調）なのでCメジャーキーでのコードプリセットがそのまま使用できます。後述する「トラックにコード進行を展開する」でも同様に、B♭メジャーに移調して平行調のGマイナーのコード進行を入力しています。

■コードパッド応用

欲しいコードがない!? コードを追加しよう!

上記「White At Seven」でジャズ風のコードを弾いていくと、途中でパッドにない「E7」を使いたくなりました。このような場合には、空いているパッドに希望のコードを追加することで解決できます。

どこパッドにどのコードを追加するかは任意ですが、同じルート（基音）のコードの近くに追加しておくとわかりやすいかもしれません。ここでは「Emin7」のパッドの左上に追加します。

手 順

1 追加したいパッドにカーソルを合わせると左側に「Open Editor」の三角マーク（①）が表示されるのでクリックします。

2 「コードエディター」が開きます（②）。コードトラックでのコード入力で表示されたエディターと同じ画面です。ここでは「E7」なので、「E」、そして「maj（メジャー）」「7」をクリックして選択します。

② コードエディター

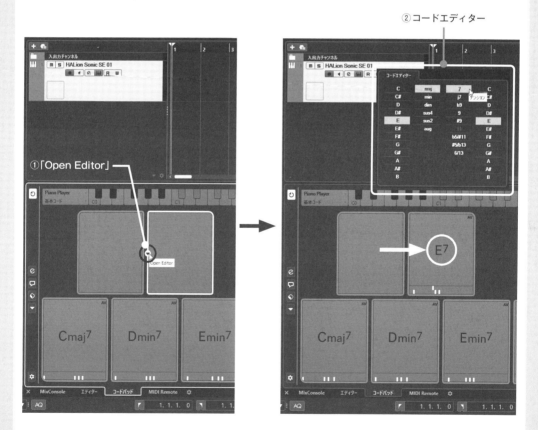

画面の空いているところをクリックするとエディターが閉じます。

キーを変更するには「移調」しよう

「Major Scale Key」と「Minor Scale Key」ではすべてのキーが用意されていましたが、他のプリセットではキー違いは用意されていません。この場合にはコード全体を移調して対応します。

前述の「White At Seven」のキーはCですが、ここではB♭に移調してみましょう。

手順

1 「機能メニュー」の三角マーク（①）をクリックします。

2 メニューから「すべてのパッドを移調」（②）をクリックします。

3 「すべてのパッドを移調」が開きます。

4 ここではCからB♭へ移調します。B♭はCから見ると半音2つ分下になります。よってここでは下向きの三角マークを2回クリックして「-2」として「OK」をクリックします。

①「機能メニュー」　　　　　　②「すべてのパッドを移調」

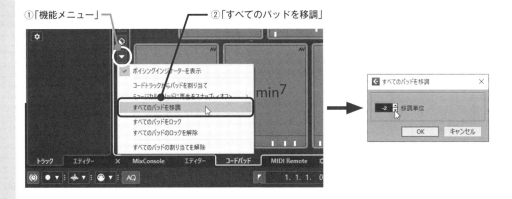

キーがB♭に移調されました。

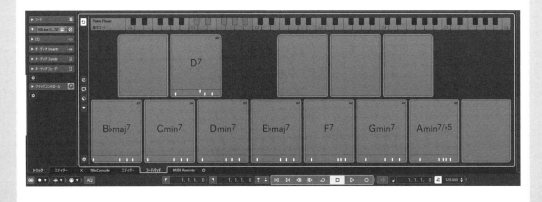

■トラックにコード進行を展開する

　パッドをトラック上にドラッグ＆ドロップすることで曲のコード進行を作成することができます。ここではプリセットの状態からB♭移調した状態で、次のコード進行を作ってみましょう。

Cmin7 → F7 → B♭maj7 → E♭maj7 → Amin7/♭5 → D7 → Gm min7 → Gm min7

手順

1 これから1小節ずつコードが変わるコード進行を作ります。「スナップ」はオン、「グリッド間隔」は「小節」にしておきます。

2 コードを HALion Sonic SE のトラック上にドラッグ＆ドロップすると、そのコードの名前がついたイベントが作成されます。

3 以降、コード進行に合わせてドラッグ＆ドロップしていきます。

4 再生して曲の雰囲気を確認してみましょう。

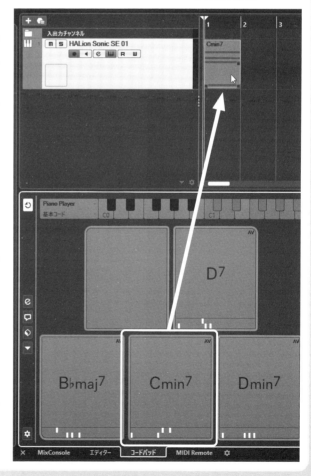

　ここまでの手順で、**Chaptere3「コードトラックをエレピのパートに変換する」**（89ページ）までの操作が終わっていることになります。この先も同様の手順でこのコード進行からベースパートを作成したり、ドラムパートをループから探したり、あるいは直接入力したりなどしながら曲を完成させてみてください。

付属のループファイルで
ドラム・パートを作成しよう

・・

　続いてドラム・パートを作成します。ここでは「ルー
プ（Loop)」というファイルを使った方法を紹介し
ます。また、Chapter 3 で作成したエレピやベース、
ギターなどのパートと同様、MIDI ／インストゥルメ
ントトラックに VST インストゥルメントをアサイン
して、MIDI データとして作成する方法もあわせて解
説します。

ドラム・パートをループで作成する

　一般的にドラム・パートは、1〜4小節の演奏パターンを繰り返すことが多く、この演奏パターンを「ドラムパターン」と呼んでいます。ドラムパターンの作成にはいろいろな方法がありますが、ここでは「ループ（Loop）」というファイルを使った方法を紹介します。

■Loop ファイルとは

　ループファイルとは、1〜4小節などからなる演奏ファイルのことで、Cubase には、生演奏や特定の機器で再生された音を録音した「オーディオファイル」と、Chapter 3 で作成した各パートのデータと同じ MIDI データで作られ、VST インストゥルメントの音色も含めてセットになった「MIDI ループ」が付属しており、どちらもプロジェクトにドラッグ＆ドロップするだけで、すぐにパートを作成できます。

　付属のループファイルにはここで使用するドラムパターンのループファイルだけでなく、ギターやベース、シンセサイザーなどのループファイルも用意されています。
　ループについては、**巻頭カラーページ「すばやいトラック制作を可能にする「MediaBay」「Loop ／ Sound ブラウザー」**（xiii ページ）もご覧ください。

■Loop ブラウザーを開く

　Chapter 2「Media Bay ／ Loop ブラウザー／ Sound ブラウザーの表示」（67 ページ）を参考に、「メディア」メニューから「Loop ブラウザー」をクリックして Loop ブラウザーを開きます。

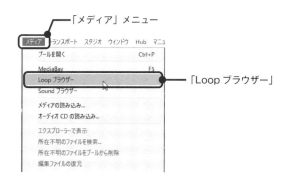

デフォルトでは、「結果」欄にドラムやギター、ベースなど、さまざまな楽器のオーディオ／MIDIループが表示されます。オーディオファイル（ループ）をクリックすると「プレビュー」にはそのオーディオ波形が表示されます。

ここではドラムのオーディオループを探したいので、「Category」の右にある「▼」をクリックしてメニューから「Media」→「File Type」を選択し、表示が切り替わった「Category」欄で「Wave File」を選択、そして「Sub Category」で「Beats」を選択すると、下の「結果」にはドラムのオーディオループのみが表示されます。

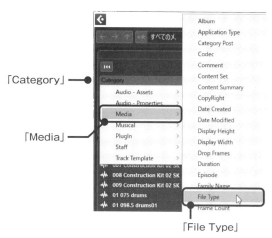

「Category」

「Media」

「File Type」

「Wave File」　「Beats」

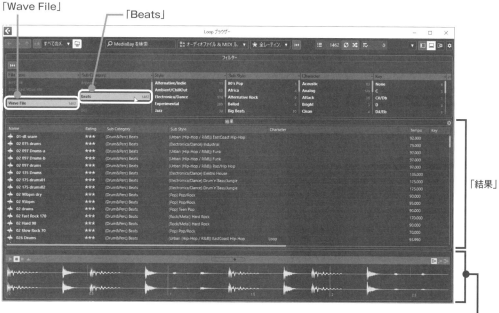

「結果」

「プレビュー」

ヒント

通常「Beat」は拍子やリズムの種類を指しますが、ここでの「Beat」はドラムのループを意味しています。

ヒント

「Sub Category」欄の「Beats」をもう一度クリックすると選択が解除され、ドラム以外のループファイルも表示されます。

Loop ブラウザーでは、どんなループなのかを再生して確認することができます。

■ループ試聴のための設定

Loop ブラウザーでの設定

Loop ブラウザーでは、右下にある3つのボタンをオンにしておきます。

手順

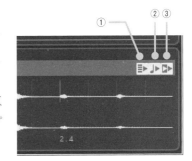

1 「結果リストの新しい選択項目を自動再生」（①）をク
リック（点灯）してループファイルをクリックしたと
きに、自動的に再生されるようにします。

2 「ビートをプロジェクトに合わせる」（②）をクリック（点
灯）して、プレビューの際の再生テンポを、現在のプ
ロジェクトにあわせて再生されるようにします。

Hint!

「ビートをプロジェクトに合わせる」をオンにしておかないと、あとでプロジェクトにループをドラッグ＆
ドロップしたとき、プロジェクトのテンポとあわなくなるので、必ずオンにしてください。

3 「プロジェクトの再生に合わせる」（③）をクリック（点灯）して、これまで入力したエ
レピとベース・パートと同時に再生されるようにします。

トランスポートパネルでの設定

ループのパターンを試聴する際、サイクル再生でプロジェクトの一定の範囲を繰り返し再
生するように設定しておくと、いちいち再生や停止の操作をせずに効率的に試聴できます。

手順

1 Chapter 2「サイクル再生」（69ページ）を参考に、サイクル再生する範囲を指定し
ておきます。
ここでは1～8小節目までを範囲に指定したいので、トランスポートの「左ロケーター
位置」はデフォルトの「1.1.1.0」まま、「右ロケーター位置」（①）の数値をダブルクリッ
クして反転させ、テンキーまたはメインキーボードの[9]キーを押して「9」を入力し、
[Enter]キーを2回押して「9.1.1.0」（9小節目の先頭＝8小節目の終わり）にします。

2 「サイクル」（②）をクリックして点灯させます。

①「右ロケーター位置」

②「サイクル」

■好みのループファイルを探す

試聴しながら、リストから好みのループファイルを探します。

手順

1 Loop ブラウザーの「結果」欄でファイルをどれかクリックすると (①)、クリックしたループが再生されます。現在ドラムのループファイルのみ表示されているので、どれをクリックしてもドラムのループファイルが再生されます。

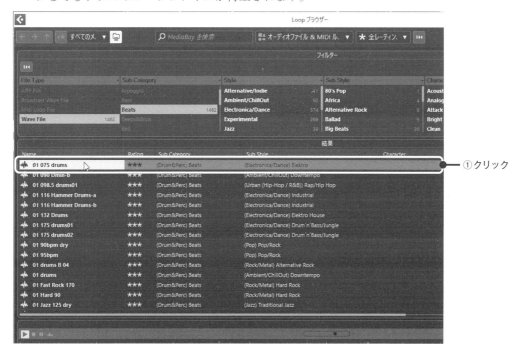

①クリック

2 トランスポートパネルの「開始(再生)」(②)をクリックすると、ループファイルとプロジェクトが同期して再生されます。ループファイルを次々とクリックしてイメージにあうループのドラムパターンを探します。

③「停止」   ②「開始 (再生)」

どのループを使うかは任意ですが、ここでは例として「01 175 drums01」を選択します。

3 ループの選択が終わったらトランスポートパネルの「停止」(上図③) をクリックしてプロジェクトの再生を止めます。ループファイルの試聴も自動的に終了します。

■ループファイルをプロジェクトに読み込む

　選択したループ「01 175 drums01」をドラッグ＆ドロップしてプロジェクトに読み込みます。作業がしやすいように Loop ブラウザーをドラッグしてプロジェクトゾーンやトラックリストゾーンが見えるように移動しておきましょう。

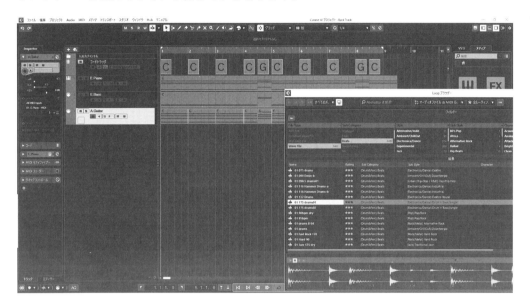

手順

1 「スナップオン／オフ」（①）はオン（点灯）に、「グリッドの間隔」（②）は「小節」（③）にします。

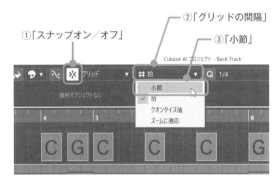

①「スナップオン／オフ」

②「グリッドの間隔」

③「小節」

2 Loop ブラウザーのループファイル「01 175 drums01」を「A.Guitar」トラックの下の1小節目にドラッグ＆ドロップします（次ページ図参照）。

ヒント

他の操作をして Loop ブラウザーが隠れてしまったら、「ウィンドウ」メニューから「Loop ブラウザー」をクリックします。

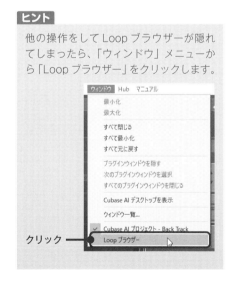

クリック

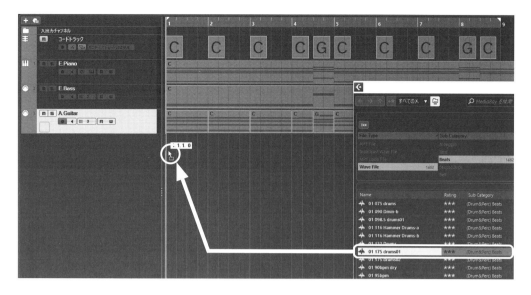

「01 175 drums01」というトラック（④）が作成され、2小節分のループファイルのイベントが作成されます（⑤）。

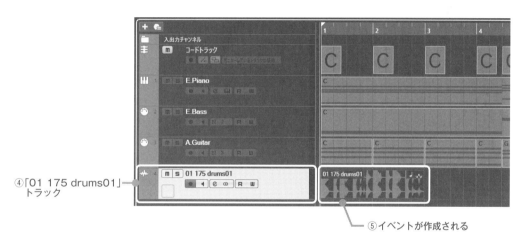

④「01 175 drums01」トラック

⑤イベントが作成される

ヒント

作成されたイベントの右端に、音符と波形のマークが表示されることを確認してください。このマークが表示されているとき、ループなどのオーディオファイルは、テンポの変更に追従します。これらのマークは、114ページ「ループ試聴のための設定」の「Loopブラウザーでの設定」手順2で「ビートをプロジェクトに合わせる」をオンにしておくと表示されます。もし表示されていない場合は、**Chapter 2「元に戻す（アンドゥ）／再実行（リドゥ）」**（71ページ）をおこなって上記手順2まで戻るか、あるいは **Chapter 8「オーディオデータのテンポを変更する」**（201ページ）を参考に、音符と波形マークが表示されるようにしてください。

■複製で8小節の長さにする

このままではドラムトラックはループファイルの長さである2小節分しか演奏されません。Chapter 2「複製」(56ページ)を参考に、ループファイルを複製して8小節の長さにします。

Chapter 2「複製」(56ページ)

手 順

1 ループファイルのイベントを選択した状態で、「編集」メニューの「機能」から「複製」をクリックするか、ショートカット Ctrl + D キーを押します。1〜2小節のループファイルが3〜4小節に複製されます。

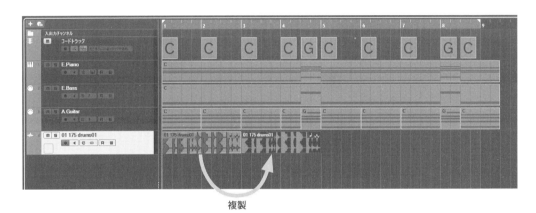

複製

2 続いて Ctrl + D キーを2回押します。複製によりループファイルが8小節分になりました。

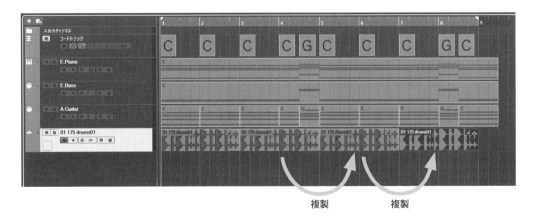

複製　　　複製

118

それではループファイルも含めて全体を再生してみましょう。

このまま再生すると Loop ブラウザーの「プロジェクトの再生に合わせる」が有効になっているため、選択されているループのプレビューも同時に鳴ってしまいます。Loop ブラウザーの「プロジェクトの再生に合わせる」ボタンをクリックしてオフ（消灯）にして、さらにトランスポートパネルの「サイクル」もオフに（消灯）してから、再生しましょう。

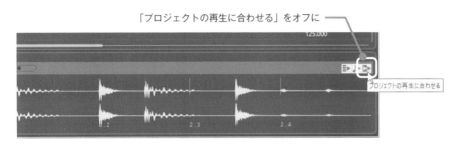

「プロジェクトの再生に合わせる」をオフに

「サイクル」をオフに

Chapter 3「**トラックの名前をパート名に変更する**」（100 ページ）を参考に、ループを読み込んだトラックを「Drum Loop」と変更し、**Chapter 2「プロジェクトの保存」**（72 ページ）を参考に保存しておきておきましょう。

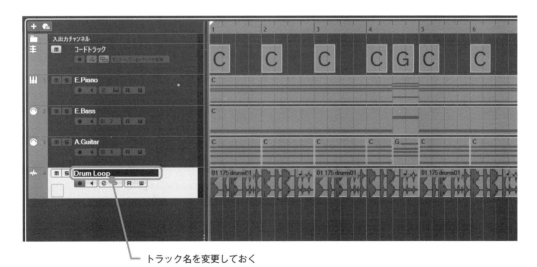

トラック名を変更しておく

ドラムエディターで
思いどおりのドラムパターンを作成する

　このChapterでは、Cubase付属のループファイルを使ってドラム・パートを作成しました。ループファイルは、ドラッグ＆ドロップするだけで簡単にドラム・パートを作成できて便利ですが、今後、自分がイメージするドラムパターンを作成したい、というような場合、イメージどおりのドラムパターンのループが見つかるまで探し続けるより、MIDIデータとしてドラムパターンを作成するほうが手っ取り早い場合もあります。

　そこで、ここではドラムのMIDIデータを作成する専用の「ドラムエディター」を使って、オリジナルのドラムパターンを作成する方法を解説します。

　なお、ここでは、VSTインストゥルメントとして「Groove Agent SE」を使用した例で解説しますが、HALion Sonic SEのドラム音色を試してみたいという場合には、後述する**「HALion Sonic SEでドラム音色を選択する」**（125ページ）を参考にドラムの音色を選択して操作してください。

■新規プロジェクトを作成する

　ここでは新規にプロジェクトを作成し、そこに新しくドラムパターンを作成します。

ヒント

Cubaseは複数のプロジェクトを開いておくことができますが、有効になるのは1つのプロジェクトのみです。開いているプロジェクトは「ウィンドウ」メニューに表示され、有効になっているプロジェクトにはチェックマークがつきます。有効なプロジェクトを切り替えるには、「ウィンドウ」メニューから有効にしたいプロジェクトファイル名をクリックします。（➡ **Chapter 6 コラム**〔176ページ〕も参照）

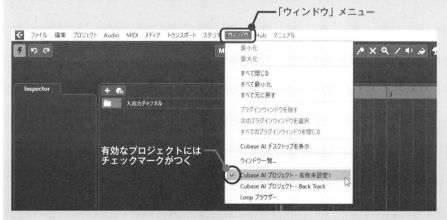

手順

1 「ファイル」メニュー（①）より「新規プロジェクト」（②）をクリックします。

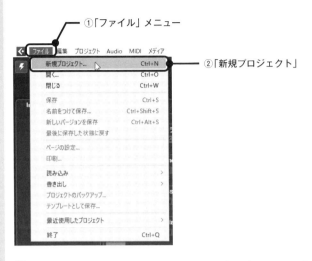

- ①「ファイル」メニュー
- ②「新規プロジェクト」

2 Chapter 1「Cubase の起動とプロジェクトの作成」の手順2（27 ページ）を参考に、「steinberg hub」ウィンドウで、空の新規プロジェクトを作成します。

■Groove Agent SE の インストゥルメントトラックを作成する

　Chapter 2「新規トラックの作成」（48 ページ）を参考にインストゥルメントトラックを作成します。「トラックを追加」ウィンドウでは、「インストゥルメント」欄（①）をクリックしてメニューから「Drum」（②）→「Groove Agent SE」（③）を選択し、「トラックを追加」（④）をクリックします。

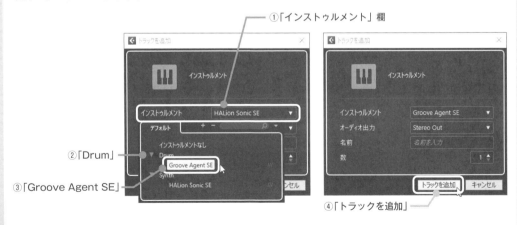

- ①「インストゥルメント」欄
- ②「Drum」
- ③「Groove Agent SE」
- ④「トラックを追加」

　Groove Agent SE のトラック（次ページ図⑤）が作成され、Groove Agent SE が開きます。

⑤「Groove Agent SE 01」トラック

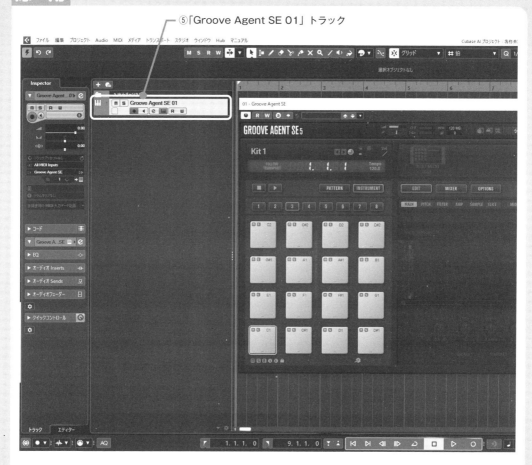

■プリセットのキットをアサインする

デフォルトの状態では、ドラムの音はアサインされていないので、プリセットのキットを読み込みます。

手順

1 「プリセット」欄（①）をクリックします。

2 プリセットブラウザーが開きます。

①「プリセット」欄

3 Groove Agent SE はドラム専用音源で、たくさんのライブラリーが表示されます。
ここでは、「Content Set」欄で「Studio Kit SE」（②）を選択し、「Category」欄で「Drum&Perc」（③）を選択し、「結果」欄から「Brothers In Need」（④）をダブルクリックして選択します。

応 用

②「Studio Kit SE」　　　③「Drum&Perc」　　　④「Brothers In Need」

4 キットが読み込まれ、ウィンドウ右のイラストでドラムのパーツをクリックするか、ウィンドウ左のパッドをクリックすると、アサインされているドラムパーツの音が鳴ります。

ヒント

それぞれのパッドには、下にアサインされているパーツ名が、右上に MIDI キーボードでの対応キーが表示されています。たとえば、デフォルトの状態で左隅の一番下のパッドには「C1」と「Kick」と表示されており、このパッドにはキック（バスドラム）の音がアサインされており、MIDI キーボードで C1 の鍵盤を弾くと鳴る、ということがわかります。

■グループ

　Groove Agent SE では、数多くの音色を管理するために 8 つのグループが用意されており、キットを読み込むとデフォルトでは「3」が有効になっています。このグループ「3」には、ロックやポップスなどでよく使われるキックやスネア、ハイハットなどのパーツがアサインされています。他のグループに切り替えるには「グループ」ボタンをクリックします。

「グループ」ボタン

ヒント

パーツがアサインされているグループは、ボタンの上側のランプがオレンジ色に点灯しています。

このグループには
アサインされていない

アサインされている

124

■HALion Sonic SE でドラム音色を選択する

　HALion Sonic SE のドラム音色を使用したい場合は、以下の手順でドラム音色を選択します。

手順

1 Chapter 3「コードの音を鳴らす」の「インストゥルメントトラックを作成する」(85 ページ) を参考に HALion Sonic SE がアサインされたインストゥルメントトラックを作成します。

2 Chapter 3「コードの音を鳴らす」の「コードを鳴らす音色を選ぶ」(86 ページ) を参考に HALion Sonic SE のプリセットブラウザーを開きます。

3 「Category」欄で「Drum&Perc (Percussion)」(①)、「Sub Category」欄で「Drumset GM」(②) を選択します。

　すると「結果」欄には、ジャンルに特化した複数のドラムセットが表示されるので、たとえば一般的なドラム音色である「[GM 129] Stereo GM Kit」(③) などを選択します。

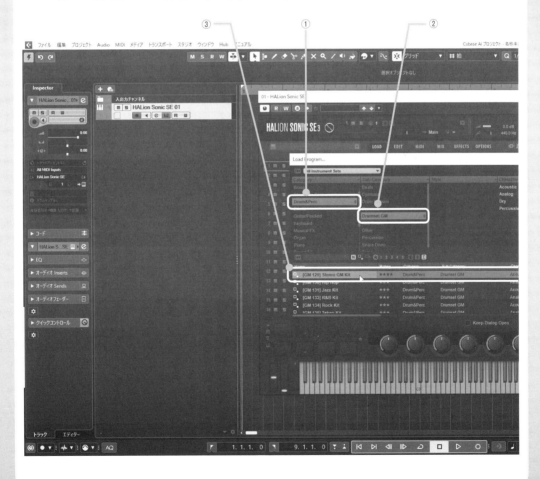

■ドラムエディターを使ってドラムパターンを作成する

Groove Agent SE とドラムエディターを使って、ドラムパターンを作成してみましょう。

Chapter 2「イベントを適正な位置に作成または移動するスナップ設定」（47 ページ）を参考に「スナップオン／オフ」は点灯してオンに、「グリッドの間隔」は「小節」に設定します。

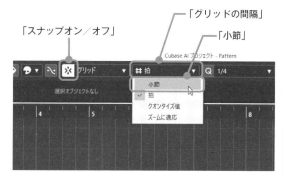

「スナップオン／オフ」
「グリッドの間隔」
「小節」

ドラムエディターを開く

手順

1 Chapter 2「新規イベントの作成」（50 ページ）を参考にツールボックスから鉛筆ツール🖊を選択し、インストゥルメントトラックの先頭でクリックして 1 小節分のイベントを作成します。

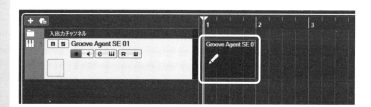

2 作成したイベントを選択した状態で、「MIDI」メニュー（①）の「ドラムエディターを開く」（②）をクリックします。

①「MIDI」メニュー

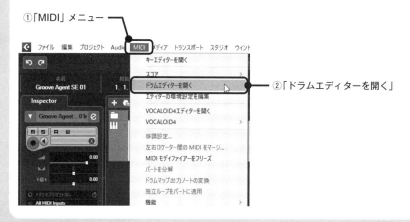

②「ドラムエディターを開く」

ドラムエディターが開きます。

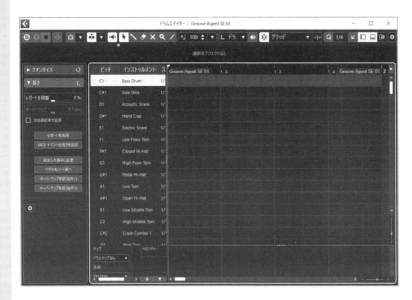

　ドラムエディターはキーエディターと構造が
よく似ていますが、キーエディターが音の高さを
鍵盤で表示していたのに対し、ドラムエディター
では、ドラムのパーツ名が表示されています。

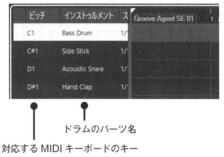

対応する MIDI キーボードのキー
ドラムのパーツ名

ヒント

「ピッチ」欄には、対応する MIDI キーボードのキー
が表示されています。

ドラムパターンを入力する

　ここでは、8ビートのドラムパターンのデータを1小節分入力します。
次の表のようなイメージです。

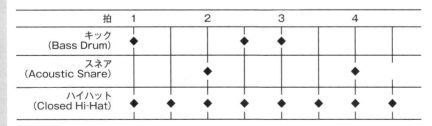

拍	1		2		3		4	
キック (Bass Drum)	◆			◆	◆			
スネア (Acoustic Snare)			◆				◆	
ハイハット (Closed Hi-Hat)	◆	◆	◆	◆	◆	◆	◆	◆

手順

1 これから8ビートのドラムパターンを入力するので、入力する間隔は8分音符になりま
す。「クオンタイズプリセット」(次ページ図①)をクリックして「1/8(8分音符)」(次ペー
ジ図②)を選択します。

応　用

①「クオンタイズプリセット」

2 ツールボックスからドラムスティック
ツール（③）を選択します。

3 キック（Bass Drum）の1拍目、2拍目
の裏、3拍目を、またスネア（Acoustic
Snare）の2、4拍目をクリックして入
力します。

ヒント

位置を表すルーラーに「Groove Agent SE 01」
（数字はいくつ Groove Agent SE を起動してい
るかによって変わる）と表示され、数字が隠れて
拍の位置が見にくいので、よく確認しながら入力
しましょう。

ヒント

入力したデータを削除するには、もう一度データ
をクリックします。

③ ドラムスティックツール

4 ハイハット（Closed Hi-Hat）の各グリッド線上をクリックして、それぞれの拍とその裏
に入力します。

これで8ビートパターンが作成できました。再生して聞いてみましょう。

■ベロシティの調整

　ドラムエディターでは、データを選択したときのみ、下部に選択したパーツのベロシティグラフが表示されます。ベロシティを編集したいパーツのデータ、たとえば Acoustic Snare のデータを選択してベロシティのグラフを表示し、強くしたい場合には上へ、弱くしたい場合には下へドラッグします。

　このとき、ドラムスティックツールのままクリックするとデータが削除されてしまうので、データを選択する際には必ず選択ツールに持ち替えてください。選択ツールに持ち替えても、ベロシティグラフにカーソルを近づけると自動的に鉛筆ツールになるので、続けて作業ができます。

選択ツール

データを選択

選択したデータのベロシティ
が表示される

Chapter 4

■Groove Agent SEのINSTRUMENT(インストゥルメント) と PATTERN (パターン)

Groove Agent SE は、デフォルトではプロジェクトのトラックにある MIDI データに対応してパッドにアサインされた音色が鳴る「INSTRUMENT（インストゥルメント）」モードで起動しますが、「PATTERN」スイッチをクリックして「パターンモード」にすると画面が変わり、選択されているキットに応じて、パッドにプリセットのパターンがアサインされた状態になります。

「PATTERN」スイッチ

「INSTRUMENT」スイッチ

パターンモード

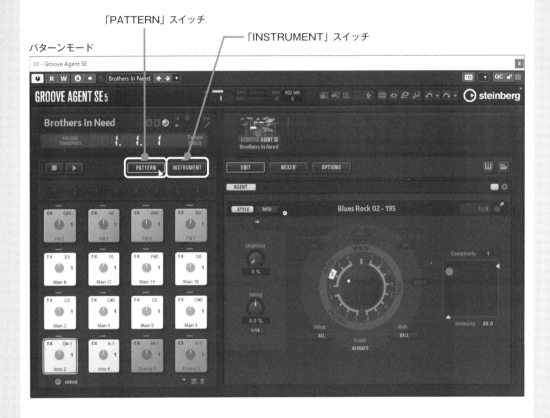

パッドをクリックすると、クリックしている間だけアサインされたドラムパターンが再生されます。

「Play」ボタンをクリックすると、「Stop」ボタンをクリックするまで選択されたパッドにアサインされたパターンが再生されます。これならいろいろなパッドをクリックして聴き比べながら、お気に入りのパターンを探すことができます。

このパターンは、パッドをドラッグしてそのままイ

「Stop」ボタン

「Play」ボタン

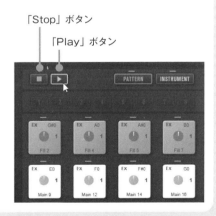

ンストゥルメントトラックにドロップすると、MIDI データのイベントになります。

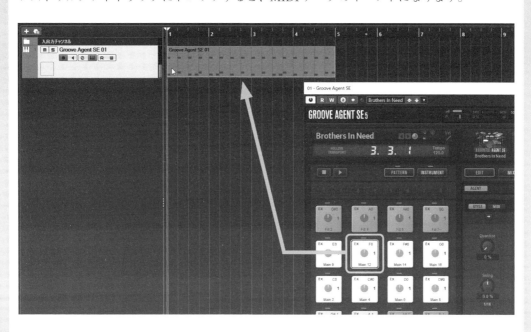

　このプリセットのパターンは、人間らしい演奏になるように制作されたパターンで、なお
かつジャンルも豊富なので、曲のドラムパターンとしてそのまま使ったり、ドラムパターン
作成の参考にしたり、さまざまに活用できます。

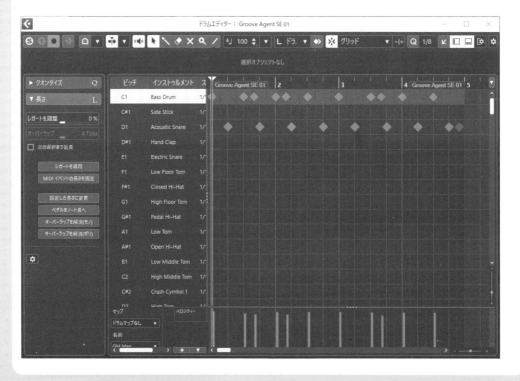

コラム あれ？　プロジェクトを開いたら、いつもと画面が違う……？

保存しておいたプロジェクトを新たに開いたとき、閉じたときとどことなく画面が違うというときがあります。よく見ると、これまで表示されていた左ゾーンと右ゾーンが表示されない状態になってしまっているのです。

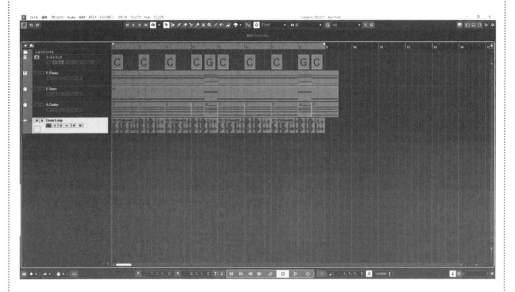

各ゾーンを表示するには、プロジェクトウィンドウの右上にあるゾーン表示のアイコンをクリックします。左から、左ゾーン、下ゾーン、右ゾーンというように並んでいます。クリックするたびに表示と非表示が切り替わり、アイコンが点灯していると表示の状態です。

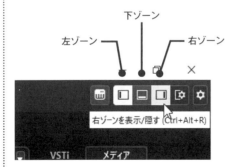

たとえば、プロジェクトゾーンを目一杯広く使いたいときには、右ゾーンを非表示にしておくとよいでしょう。逆に左ゾーンは、制作や設定などで確認や操作をすることが多いので、常時表示しておくことをお勧めします。

メロディを入力しよう①
～リアルタイム入力編

Chapter 3ではコードトラックを利用して伴奏パートを作り、Chapter 4ではそこにドラム・パートを追加しました。

今度はメロディを加えていきます。このメロディの入力方法には、いくつかの方法があります。好みのやり方でできるようにそれぞれ順に解説していきます。本ChapterではMIDIキーボードを使ったリアルタイム入力を解説します。

メロディの入力をはじめる前に

メロディの入力方法で代表的なものは次の3つです。

●MIDI リアルタイム入力

曲の再生にあわせて MIDI キーボードやオンスクリーンキーボードを演奏し、メロディを MIDI データとして入力します。

●MIDI ステップ入力

曲を止めた状態で、キーエディターによるマウスステップ方式でメロディを MIDI データとして入力します。

➡ ボーカロイドも入力できます。**Chapter 6 応用「ボーカロイドで新規にデータを入力する」**（172 ページ）をご覧ください。

●オーディオ録音

曲を再生させながら、それにあわせてエレキギターを演奏したり歌を歌ったりしてオーディオデータとしてメロディを録音します。

➡ シンセサイザーの演奏も録音できます。**Chapter 7 応用「シンセサイザーなどのライン楽器をステレオで録音する方法」**（192 ページ）をご覧ください。

本 Chapter からは、上記の入力方法を順番に、伴奏だけが用意された状態から解説していきます。他の入力方法もあわせておこなう際に、すでに他の方法で入力したメロディトラックが同時に鳴ってしまって入力しにくいという場合は、必要の

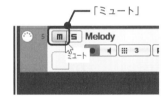

ないトラックをミュートするなどしておくとよいでしょう。すべての方法を試してみれば、Cubase シリーズでの入力方法をより理解できることになるでしょう。

入力／録音するメロディ

これから入力／録音するメロディは、次の楽譜のとおりです。

ヒント

これは、ベートーヴェンの交響曲第9番、第4楽章《歓喜の歌》のメインフレーズです。

入力前の準備

■曲の開始を2小節、後ろにずらす

　現在、曲は1小節目からはじまっています。このままでは演奏のタイミングがちょっと早くなるだけで、先頭の音がきちんと入力（録音）されないことがあります。余裕をもって1音目から正しく入力（録音）するために、曲の開始を2小節後ろにずらし、3小節目からはじまるようにしておきます。よって、実際のメロディの入力はプロジェクトの3小節目からになります。

手順

1　「スナップオン／オフ」ボタン（①）はオンに、「グリッドの間隔」（②）は「小節」（③）にします。

①「スナップオン／オフ」　②「グリッドの間隔」　③「小節」

2　Chapter 2「複数のデータ／イベントの選択」（51ページ）の【手順C】プロジェクト内、エディター内のデータやイベントをすべて選択する場合を参考に、すべてのイベントを選択します（④）。

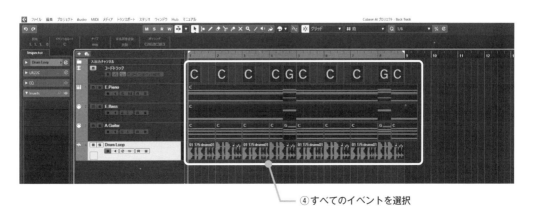

④すべてのイベントを選択

3 選択したイベントの中の任意のイベントを右方向へドラッグして、曲の先頭が3小節目にくるよう調整します。

ヒント

あとからコード進行を確認したくなったときのために、念のためコードトラックも他のトラックといっしょに移動しておきます。

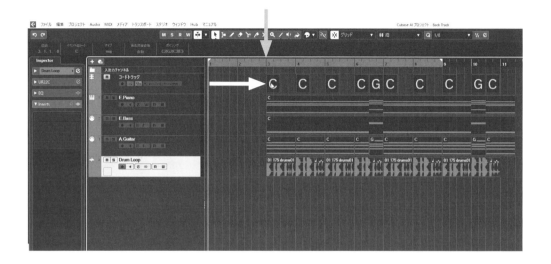

■メトロノーム／クリック設定

入力の際のガイドとして、また入力したあとリズムをチェックする際のガイドとして、録音／再生の際はメトロノームを鳴るように設定しておきます。Chapter 2「メトロノーム（クリック）の設定」（70ページ）を参考に、トランスポートパネルで「メトロノームクリックを有効化」をクリックして点灯し、オンにしておきます。

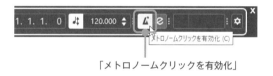

「メトロノームクリックを有効化」

■テンポの設定

ここでは、テンポをデフォルトの「120」から「130」に変更して入力をおこないます。Chapter 2「テンポの設定」（71ページ）を参考にテンポを変更します。

テンポ

準備ができたら、これから各入力方法に分かれて実際にメロディを入力していきましょう。

リアルタイム入力の実践

　これから MIDI キーボードを弾いてデータを入力しますが、MIDI キーボードが用意でき
なくても、鍵盤をパソコンのキーボードで代用する「オンスクリーンキーボード」機能を利
用すれば同様に操作できるので、ぜひトライしてみてください。オンスクリーンキーボード
で入力する際、以降の説明は「MIDI キーボード」を「オンスクリーンキーボード」に読み
替えて操作してください。

➡オンスクリーンキーボードについては、**Chapter 2「選択した音色を確認する方法」**（57
　ページ）の【手順C】「オンスクリーンキーボードで確認する」を参考にしてください。

■MIDI トラックの作成とトラック名の入力

　データを入力するトラックを作成します。同じタイプのトラックが並んでいたほうが、あ
との編集操作などがやりやすいので、MIDI トラックであるギターのトラック「A.Guitar」の
下に作成します。

手 順

1　Chapter 2「新規トラックの作成」（48 ページ）の【手順C】を参考に、「A.Guitar」トラッ
　　クのすぐ下に MIDI トラックを作成します。

ヒント

トラックを選択してから作成すると、選択したト
ラックのすぐ下に新しいトラックが追加されま
す。ここでは「A.Guitar」トラックを選択して
から作成します。

上記の手順でMIDIトラックを作成し、新たに作成された「MIDI 01」トラックを選択すると、左ゾーンの「(MIDI) チャンネル」欄は「4」になり、自動的にHALion Sonic SEの4パート目の音が鳴る設定になります。

「チャンネル」

ヒント

上記の手順以外でMIDIトラックを作成し、別の番号になっている場合には、「(MIDI) チャンネル」欄をクリックして「4」を選択しておきます。

2 トラック名を変更しておきます。
「MIDI 01」という部分をダブルクリックして反転させ、「Melody」と入力して Enter キーを押して確定します。

■音色のアサイン

作成した「メロディ」トラックの音色をアサインします。これは、すでにエレピとベース、ギターの音をアサインした HALion Sonic SE でおこないます。

Chapter 3「**コードを鳴らす音色を選ぶ**」（86 ページ）を参考に HALion Sonic SE の 4 パート目にメロディの音色としてシンセリードを読み込みます。

ここでは「Category」欄で「Synth Lead」（①）を、「Sub Category」欄で「Analog」（②）を、「Character」欄で「Analog」（③）を選択し、「結果」から「All the Lovers」（④）を選択しました。

■リアルタイム入力

134 ページ**「入力／録音するメロディ」**の楽譜を見ながら MIDI キーボードを演奏し、メロディをリアルタイム入力で入力します。実際の入力は、プロジェクトの3小節目からになります。

手順

1 「Melody」トラック（①）をクリックして選択すると、自動的に「録音可能」（②）が点灯します。点灯しない場合にはクリックして点灯させます。

2 ここで MIDI キーボードを弾くと、「Melody」トラックの入力レベルメーター（③）が上に向かって反応し、シンセリードの音が鳴ります。

ヒント

このとき「E.Piano」トラックの入力レベルメーターもいっしょに反応しますが、このまま入力をおこなっても「E.Piano」トラックには何もデータは入力されないので、気にせず操作を続けてください。

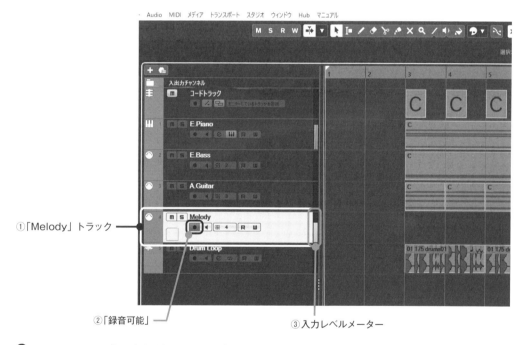

①「Melody」トラック

②「録音可能」

③入力レベルメーター

3 Chapter 2「再生などトランスポートの操作」（59 ページ）を参考に、ショーカット、あるいはトランスポートパネルを使って曲を先頭に戻したあと、ショートカットの [*] キーを押すか、トランスポートパネルの「録音」ボタン（④）をクリックして録音を開始します。

4 最初の2小節はメトロノーム音が1拍ずつ鳴ります。メトロノーム音を8回聞いたあと、3小節目から MIDI キーボードを弾きます。

5 弾き終わったらショートカットの0キーを押すか、トランスポートパネルの「停止」ボタン（⑤）をクリックして停止します。

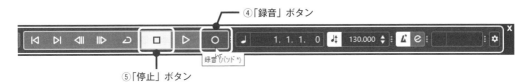

④「録音」ボタン

録音（パッド＊）

⑤「停止」ボタン

これで「Melody」トラックにメロディが入力できました。

Chapter 2「再生などトランスポートの操作」（59ページ）を参考にショートカットの.キーやトランスポートパネルを使って曲を先頭に戻し、再生してどんな演奏になったか聞いてみましょう。

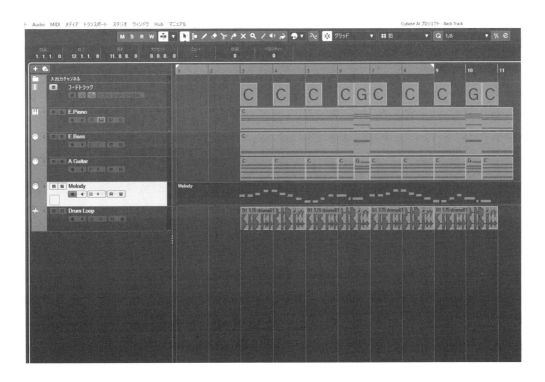

入力したMIDIデータの編集方法

入力がうまくいかなかったときには、MIDIデータを編集する方法がいくつかあります。

■リアルタイム入力自体をやりなおす

入力途中で音を抜かした、かなり音やリズムがずれたなど、直すより弾きなおしたほうが早い場合には入力自体をやりなおします。次の2つの方法があります。

元に戻す（アンドゥ）

入力直後であれば、簡単に入力操作自体を取り消してやりなおすことができます。

Chapter 2「元に戻す（アンドゥ）／再実行（リドゥ）」（71ページ）を参考に、「編集」メニューから「元に戻す」をクリックするか、ショートカットの Ctrl + Z キーを押します。直前のリアルタイム入力が取り消されてイベントが削除され、MIDIデータを入力する前の状態に戻ります。

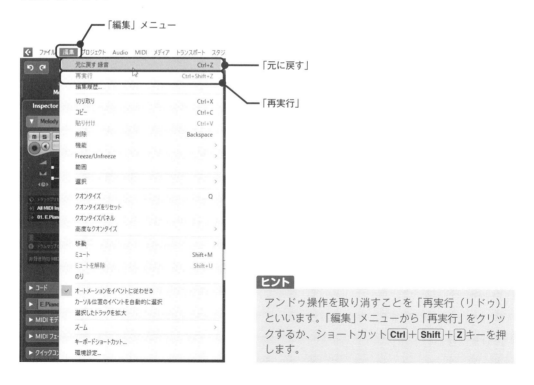

ヒント

アンドゥ操作を取り消すことを「再実行（リドゥ）」といいます。「編集」メニューから「再実行」をクリックするか、ショートカット Ctrl + Shift + Z キーを押します。

削除（デリート）

　MIDI データを入力したイベントを選択し、「編集」メニューから「削除」をクリックするか、ショートカットの BackSpace キーまたは Delete キーを押します。

MIDI イベントを選択

　どちらの操作でも MIDI データを入力したイベントが削除されるので、改めて 140 ページ **「リアルタイム入力」** を参考に、リアルタイム入力をやりなおしましょう。

■全体的なタイミングのずれをイベント移動で修正する

リアルタイム入力では、個々のデータがバラバラにずれるのではなく、全体的に前後にずれてしまうことがあります。このような場合には、全体の演奏を前後にずらして修正します。これは、MIDI データが入力されたイベントを左右にドラッグすることでおこないます。

入力した MIDI データの音がメトロノーム（クリック）より遅れて聞こえている場合には MIDI イベントを前（左）に、早く聞こえている場合には後ろ（右）に移動します。

縦／横方向に拡大する

Chapter 2「プロジェクト／エディター内の拡大と縮小」（52 ページ）を参考に、データがよく見えるようにイベントを拡大しておきます。

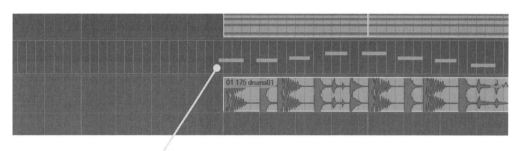

ブロックがよく見えるよう拡大する

スナップをオフにする

ここでは微妙なタイミングにイベントを移動させるため、「スナップオン／オフ」をクリックして消灯し、オフにします。

「スナップオン／オフ」

イベントをドラッグしてタイミングを修正する

用意ができたら、イベントをドラッグして移動します。前（左）へ移動させるのと、後ろ（右）に移動させるのでは手順が違うので注意してください。

イベントを後ろにずらす

後ろにずらす場合には、イベントをそのまま右方向へドラッグします。何度か再生しながらタイミングを見極めましょう。

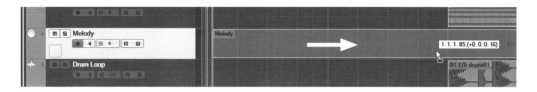

イベントを前にずらす

リアルタイム録音で作成された MIDI イベントは1小節1拍目からはじまっているため、これ以上左にドラッグして移動することができません。

ただ、この MIDI イベントの最初の2小節はカウント用の予備の小節で何も録音されていません。そこで、この先頭の無音部分のイベントを縮めてスペースを確保してからなら、左に移動することができるようになります。

手順

1 イベントの左隅にカーソルを当てると、カーソルが「↔」になります。

2 左にドラッグして、先頭のデータの少し手前までイベントを短くして、イベントの前に移動するための余白を空けます。

3 イベントを左方向にドラッグしてタイミングをあわせます。

■微細なタイミングのずれを「クオンタイズ」で修正する

前項とは逆に、全体的なタイミングは
いいのだけど、ところどころリズムが前
後にずれている、というときには「クオ
ンタイズ」機能を使って修正します。

ヒント

クオンタイズ機能は、イベントの状態でも実行でき
ますが、どのタイミングのデータがどれくらい修正
されたかがわかりにくいので、ここではキーエディ
ターを表示した状態でおこないます。

キーエディターでクオンタイズを使って修正する

手順

1 Chapter 2「MIDI エディターの表示」(61 ページ) を参考に、キーエディターを開き
ます。

2 Chapter 2「プロジェクト/エディター内の拡大と縮小」(52 ページ) を参考に、タ
イミングや音の高さがわかるよう、縦横ともに拡大します。

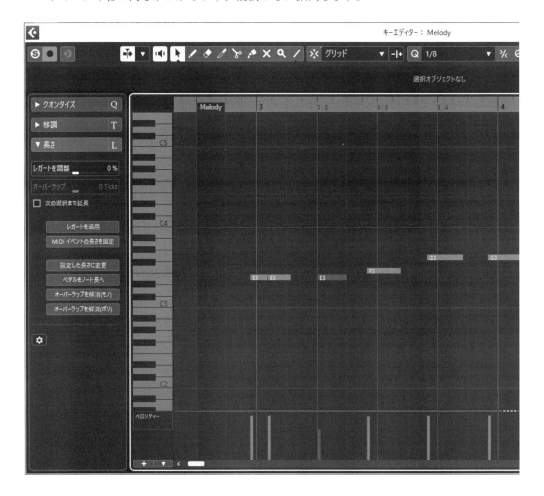

3 どの音符単位でクオンタイズするかですが、**修正したいノートの中で一番短い音符**を単位にするのがセオリーです。

ここではリアルタイムで入力したメロディ全体をクオンタイズで修正するので、**修正したいノートの中で一番短い音符**は8分音符になります（134ページ楽譜参照）。

「クオンタイズプリセット」（①）を「1/8」（②）にします。

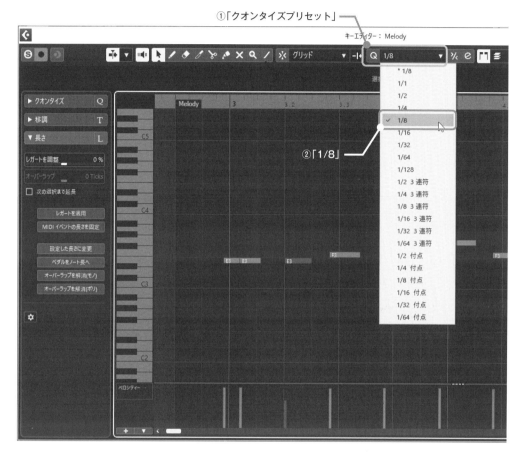

①「クオンタイズプリセット」

②「1/8」

キーエディターの縦のグリッド線が8分音符の単位になります。

ブロックの左端が本来ならすべてグリッド線にくっついていなくてはいけないのですが、生の演奏だけあってずれているのがわかります。

4 すべてのノートデータを修正するので、何も選択しないでそのまま進みます。

逆に特定の範囲内のノートデータにクオンタイズをかけたいときには、クオンタイズをかけたい範囲を囲むようにドラッグして選択しておきます。

5 Chapter 2「**クオンタイズ**」（66ページ）を参考に「編集」メニューから「クオンタイズ」をクリックするか、ショートカットの $\boxed{Q}$ キーを押してクオンタイズを実行すると、グリッド線にブロックの左側がぴったりとあわせられ、タイミングが修正されます。

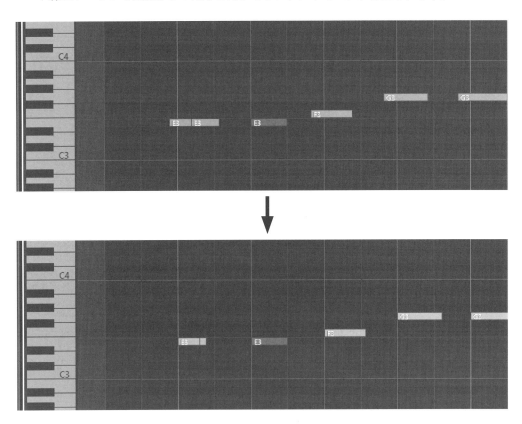

　上記手順では思ったとおりに修正できなかった場合や、また、音の長さや高さ、強さを修正したい場合は、次項に進んでください。

■1つひとつの音をエディターで修正する

　入力（録音）する音の高さを間違えた、あるいはクオンタイズでも思ったとおりにタイミングがあわなかった、そういう場合は、ノートデータのブロックを直接ドラッグして修正します。

　「スナップオン／オフ」を点灯してオンにし、「クオンタイズプリセット」を**修正したいノートの中で一番短い音符**、ここでは「1/8」（8分音符）にします（134ページ楽譜参照）。

　また、細かい作業になるので、**Chapter 2「プロジェクト／エディター内の拡大と縮小」**（52ページ）を参考に、タイミングや音の高さがわかるように、縦横ともに十分に拡大しておきます。

ヒント

拡大すると、すべてのノートが表示しきれなくなります。**Chapter 2「ウィンドウのスクロール」**（53ページ）を参考に、ウィンドウをスクロールして修正したいノートを表示しておきます。

Chapter 5

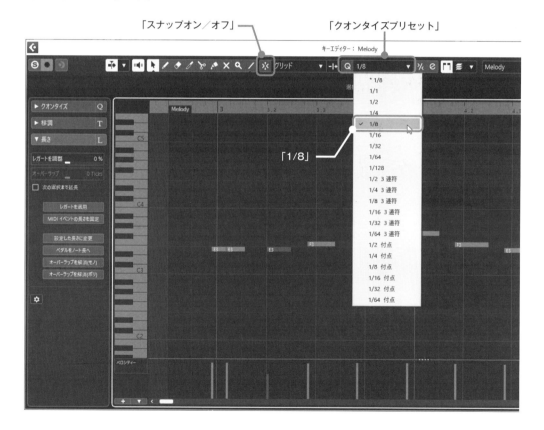

タイミングを修正する

グリッド線を目安に、ブロックを正しい位置までドラッグします。

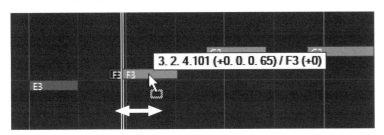

音の長さを修正する

　ブロックの右端にカーソルを当てると、カーソルが「↔」になるので、正しい長さになるようにドラッグします。

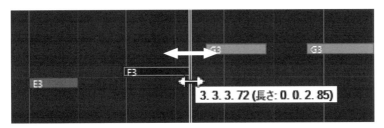

音の高さを修正する

　ブロックを上または下にドラッグして、正しい高さに移動します。

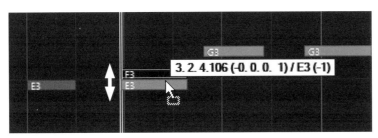

150

不要なノートデータを削除する

　不要なブロックをクリックして選択し、「編集」メニューの「削除」をクリックするか、ショートカットの BackSpace キーまたは Delete キーを押します。

ヒント

ツールボックスにある、削除ツール◇で不要な
ブロックをクリックしても削除できます。

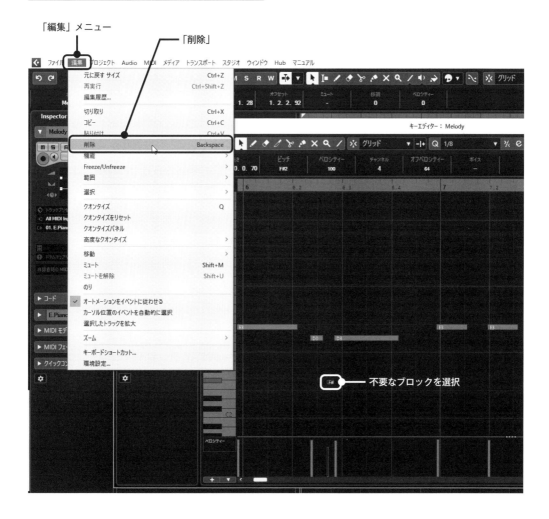

—— 削除ツール

「編集」メニュー　　　　　　「削除」

—— 不要なブロックを選択

音の強弱を修正する

MIDI キーボードでの演奏で強弱がバラバ
ラになってしまい、音の大きさが強すぎたり
弱すぎたりしている場合には「ベロシティ」
を調整します。

ヒント

Cubase では、デフォルトで、ベロシティの状
態がひと目でわかるよう、ベロシティが弱いブ
ロックは青、中くらいのブロックは紫、強いブ
ロックは赤、というように色づけして表示され
ます。ベロシティ修正の参考にしてください。

手順

1 キーエディターの鍵盤の下部に「ベロシティ」（①）と表示されているのを確認します。
このとき、キーエディター下の縦の棒グラフ（②）が音の強弱を表しています。

①「ベロシティ」

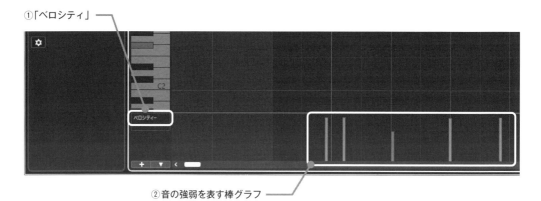

②音の強弱を表す棒グラフ

ヒント

別の項目が表示されている場合には、項目をクリックして、表示されるメニューから「ベロシティ」を選
択します。

[ベロシティ]

2 Chapter 2「ツールの選択」（46 ページ）を参考にオブジェクトの選択ツール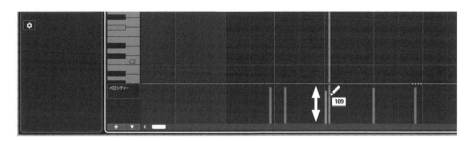を選択します。

3 棒グラフにカーソルを近づけると自動的に鉛筆ツール ✎ になるので、棒グラフを上下にドラッグしてベロシティを変更します。

ヒント

ノートデータのブロックを選択した状態で、キーエディター上部の「ベロシティ」の数値をダブルクリックして反転させて数値を入力する、あるいは数値を上下にドラッグすることでもベロシティを変更できます。数値が大きいほどベロシティが強い＝音が大きくなります。設定できる値は 0 から 127 までです。

修正が終わったら、ウィンドウ右上の「×（閉じる）」ボタンをクリックしてキーエディターを閉じます。

■スコアエディターでデータを見てみる

　リアルタイム入力でメロディを入力した「Melody」トラックのイベントを選択し、「MIDI」メニューの「スコア」から「スコアエディターを開く」をクリックするとスコアエディターが開き、入力したデータを楽譜の状態で確認できます。

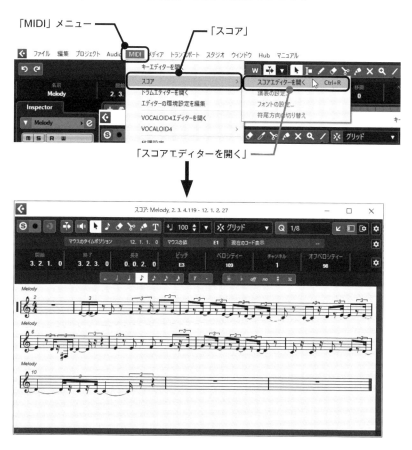

　このスコアエディターでも、音符をドラッグして音の高さやタイミングを編集することができます。

　またここで入力した MIDI データは、コピペするだけでボーカロイドに歌わせることができます。くわしくは、**Chapter 6 応用「入力した MIDI データをボーカロイドで歌わせる方法」**（166 ページ）をご覧ください。

メロディを入力しよう②
〜ステップ入力編

MIDI キーボードを使ったメロディのリアルタイム入力に続いて、ステップ入力を解説します。ステップ入力とは、Chapter 5 でデータの修正に使ったキーエディターで、マウスを使って 1 つずつデータを入力していく方法です。曲を停止した状態で入力していくので、キーボードの演奏が苦手な人でも確実に入力していくことができます。

ステップ入力の準備

あらかじめ Chapter 5「入力前の準備」（135 ページ）を参考に、「スナップオン／オフ」を点灯してオンに、「グリッドの間隔」を「小節」にしたあと、曲の先頭に 2 小節分の空白を空け、テンポなどの設定をおこないます。

また Chapter 5「MIDI トラックの作成とトラック名の入力」（137 ページ）、「音色のアサイン」（139 ページ）を参考に「Melody」トラックを作成し、「Melody」トラックがシンセリードの音で鳴るよう音色をアサインしておきます。

「スナップオン／オフ」をオンに

「グリッドの間隔」を「小節」に

曲の先頭を 3 小節 1 拍目に

「Melody」トラックを作成、音色をアサインする

テンポを「130」に

「メトロノームクリックを有効化」をオンに

156

■キーエディターでのステップ入力の準備

　これから入力するのは8小節のメロディです。ここでは、コードトラックでコードイベントを作成したときと同じように、前半の4小節をまずこれから説明するステップ入力で入力したあと、それをコピペして合計8小節のデータを作成します。

　実際に入力するのは、プロジェクトの3小節目からです。

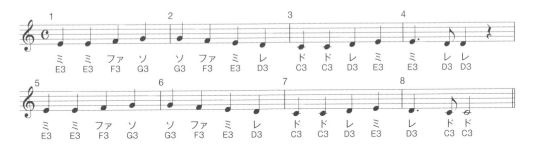

キーエディターを開く

　4小節分のイベントを作成し、キーエディターを開きます。

手順

1 Chapter 2「新規イベントの作成」（50ページ）を参考に、ツールボックスから鉛筆ツール![pencil]を選択し、3小節目から7小節目の先頭までドラッグして4小節分のイベントを作成します。

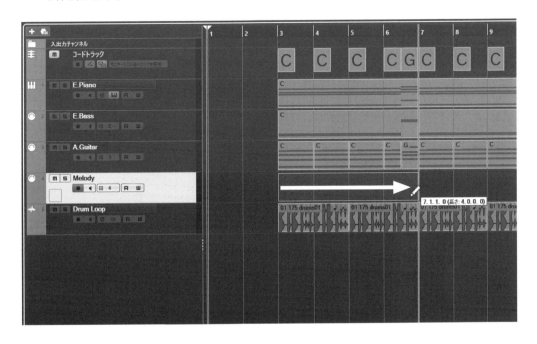

2 Chapter 2「MIDI エディターの表示」（61 ページ）を参考にキーエディターを開き、Chapter 2「プロジェクト／エディター内の拡大と縮小」（52 ページ）を参考に、横幅はこれから入力する 3 小節目がすべて表示されるよう、縦幅は鍵盤上の「C3」や「C4」という文字と数字がしっかりと確認できるよう、拡大します。

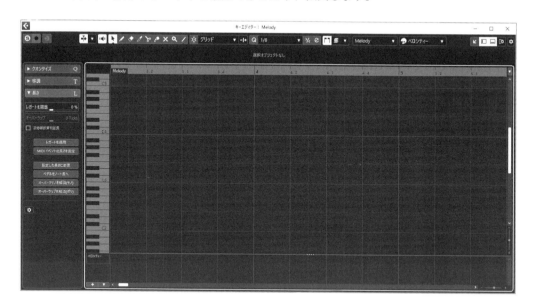

ノートナンバーについて

　Cubase では、MIDI データの高さはアルファベットを用いて「C（ド）、D（レ）、E（ミ）、F（ファ）、G（ソ）、A（ラ）、B（シ）」というように表します。その際、同じ C でもどの高さの C なのかを表すために、後ろに数字をつけて表します。いわゆる「中央のド」＝「C3」を基準に、数字が大きくなると音が高くなり、小さくなると音が低くなります。

　これから入力するメロディでは、中央のド（C3）からそのすぐ上のソ（G3）までを使います（前ページ楽譜参照）。Chapter 2「ウィンドウのスクロール」（53 ページ）を参考に、スクロールバーまたはマウスホイールを操作して、キーエディター左の鍵盤で必要な高さの鍵盤が表示されるよう、上または下にスクロールして調整しておきます。

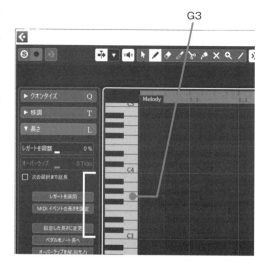

ステップ入力の実践

■メロディの1小節目（プロジェクトの3小節目）の入力

　1～2小節目は予備のための空白の小節です。メロディは3小節目から入力していきます。

　ステップ入力では、ノートデータであるブロックの長さは「クオンタイズプリセット」で決定されます。たとえば、「クオンタイズプリセット」を「1/4」に設定してクリックすると4分音符が、「1/8」に設定していてクリックすると8分音符が入力されます。状況に応じて「クオンタイズプリセット」を切り替えながら入力します。

手順

1 キーエディターのツールボックスから鉛筆ツール✏️（①）を選択します。

2 これから入力するメロディの最初の3小節は4分音符だけです。

　こういう場合は多く入力する音符に設定したほうが便利なので、「クオンタイズプリセット」（②）を「1/4」（③）にします。

　また、正確な位置に入力するために「スナップオン／オフ」（④）を点灯してオンにしておきます。

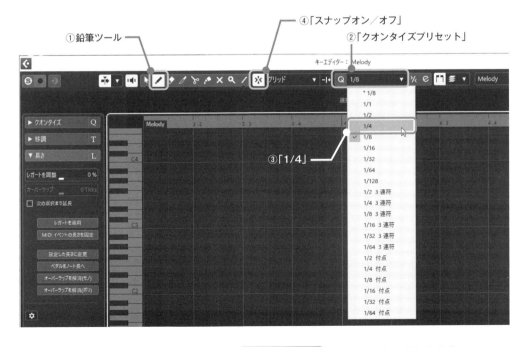

④「スナップオン／オフ」
②「クオンタイズプリセット」
①鉛筆ツール
③「1/4」

3 3小節目の先頭（1拍目）でミ（E3）の位置をクリックして入力します。

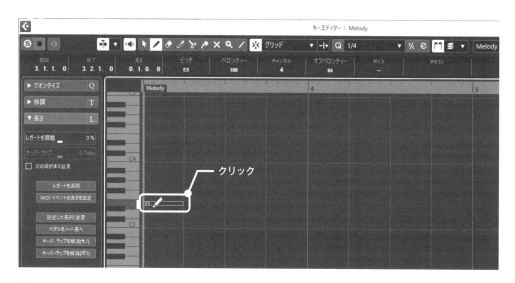

4 同じく2拍目もミ（E3）の位置でクリックします。

5 3拍目はファ（F3）の位置でクリックします。

6 4拍目はソ（G3）の位置でクリックします。

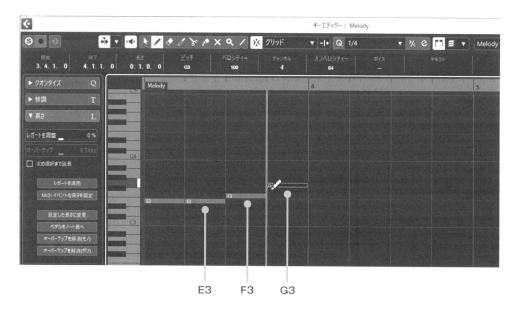

これで、最初の1小節が入力できました。

■メロディの2〜3小節目 （プロジェクトの4〜5小節目）の入力

前項「1小節目の入力」を参考に、スクロールしながらプロジェクトの4〜5小節目を入力します。

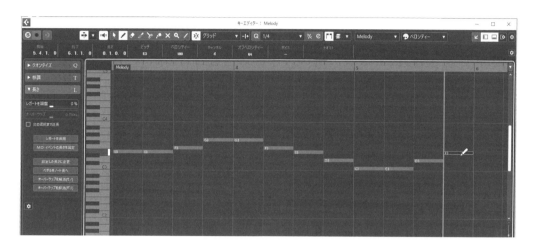

■メロディの4小節目（プロジェクトの6小節目）の入力

メロディの4小節目（プロジェクトの6小節目）は、これまでと違い、付点4分音符、8分音符、4分音符が順番に登場します。順を追って説明します。

手順

1 「クオンタイズプリセット」（①）を「1/8」（②）に設定します。

最初の音符が付点4分音符なので「1/4付点」では？　と思われるかもしれませんが、ここでは一番短い音符を選択しておき、それより長い音符はドラッグして入力します。そうすることで、入力のたびに「クオンタイズプリセット」を選択しなおすという手順を減らして、よりスムーズに入力することができます。

①「クオンタイズプリセット」

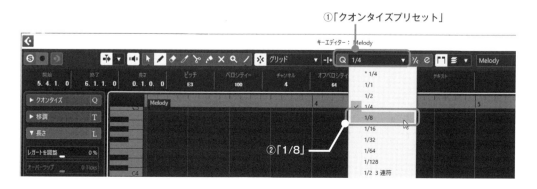

②「1/8」

2 1拍目のミ（E3）の位置でクリックした
ら、そのままマウスボタンから指を離さ
ずにマス目3つ分までドラッグして付点
4分音符を入力します。

ヒント

付点4分音符は、8分音符3つ分の長さの音符で
す。

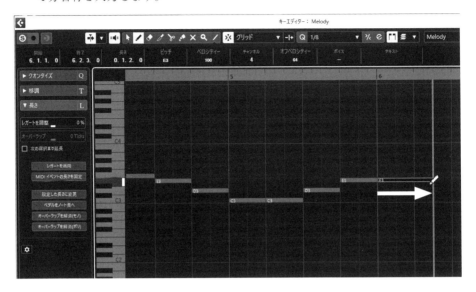

3 2拍目の裏（4つ目のマス）のレ（D3）の位置でクリックして（③）8分音符を入力します。

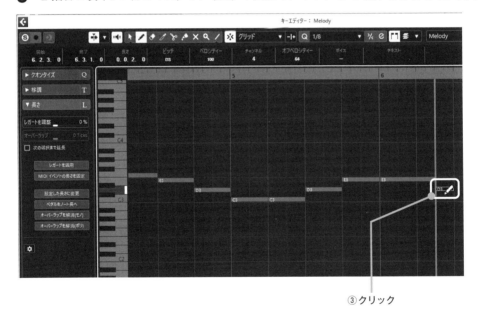

③クリック

4 3拍目（5つ目のマス）のレ（D3）の位
置でクリックしたら、そのままマウスボ
タンから指を離さずにマス目2つ分まで
ドラッグして4分音符を入力します。

ヒント

4分音符は、8分音符2つ分の長さの音符です。

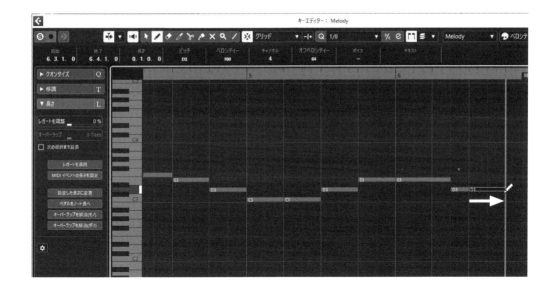

これで前半の4小節分の入力が終了しました。

■入力に失敗したら

Chapter 2「元に戻す（アンドゥ）／再実行（リドゥ）」（71ページ）を参考に操作を
もとに戻すか、Chapter 5「1つひとつの音をエディターで修正する」（149ページ）を参
考に、間違えたノートデータのブロックを修正しましょう。

■後半の4小節をコピペで作成する

手順

1 ここまでの作業で作成した前半の4小節を、イベントの状態で7～10小節目にコピペす
るため、一度キーエディターを閉じます。

2 Chapter 2「コピー＆ペースト（コピペ）」（54ページ）を参考に、前半の4小節のイ
ベントを7小節目以降にコピペします。

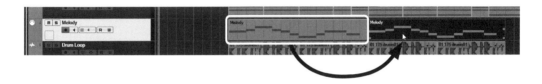

■後半4小節目（プロジェクトの10小節目）の修正

前半と後半では、最後の小節が少し違います。ここを修正します。

手順の詳細については、Chapter 5「1つひとつの音をエディターで修正する」（149 ページ）も参照してください。

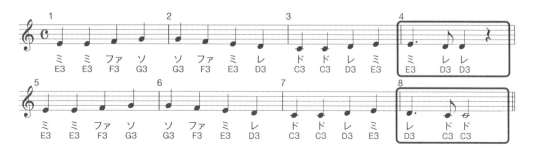

手順

1 Chapter 2「MIDI エディターの表示」（61 ページ）を参考に、コピペで作成した後半4小節のイベントを選択してキーエディターを開き、スクロールして 10 小節目を表示します。

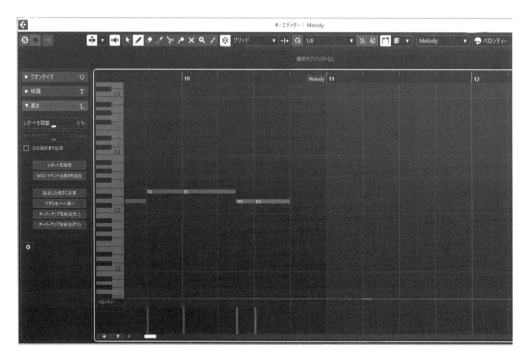

2 オブジェクトの選択ツール ▶ に持ち替えます。

3 最初の2つのデータは、音の高さが違います。それぞれのブロックをドラッグして、1つめの「ミ（E3）」を「レ（D3）」に、2つ目の「レ（D3）」を「ド（C3）」に修正します。

164

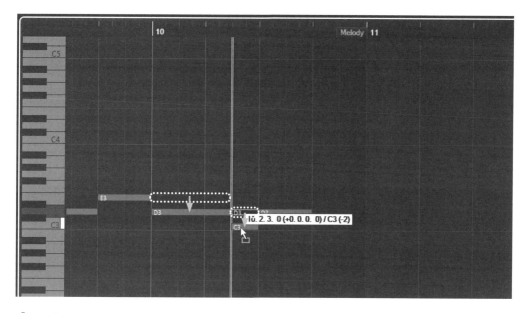

4 最後のデータは、高さと長さが違います。

まず音の高さを修正します。ブロックをドラッグして「ド（C3）」に修正します。

次にブロックの右端にカーソルを近づけて「↔」になったら、合計マス目4つ分の長さになるようドラッグします。

ヒント

2分音符は、8分音符4つ分の長さの音符です。

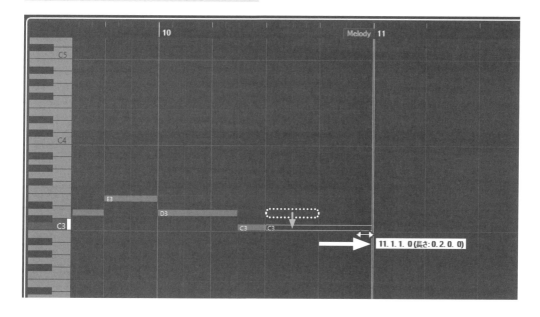

これでステップ入力によるメロディの完成です。

入力したMIDIデータを
ボーカロイドで歌わせる方法

　メロディを入力したら、歌詞をつけて歌わせたくなることがあるかもしれません。そんな願いをかなえてくれるのが「ボーカロイド」というソフトです。以前は、このボーカロイドと Cubase はまったく別々のソフトだったため、伴奏を Cubase で作成し、メロディと歌詞の入力をボーカロイドでおこない、それぞれのデータを書き出したり読み込んだりしてミックスしていましたが、Cubase 上で直接ボーカロイドのデータを作成できる VOCALOID 5 と、VOCALOID 5 に付属する「VOCALOID4.5 Editor for Cubase」により、すべてを Cubase 上で作成できるようになりました。

　ここでは Chapter 5 と 6 で作成したメロディのデータを、「VOCALOID4.5 Editor for Cubase」に読み込ませて歌わせる手順を紹介します。

　VOCALOID 5 を使って 0 からデータを作成する方法については、172 ページ「**ボーカロイドで新規にデータを入力する**」をご覧ください。

【注意】

　ここでは、Cubase 内で同期してボーカロイドのデータを制作できる、別売りの「VOCALOID 5」に付属している「VOCALOID4.5 Editor for Cubase」を使った例を解説しています。Cubase シリーズにはこの「VOCALOID4.5 Editor for Cubase」は付属していません。

　ボーカロイドのデータの中身も実は MIDI データなのです。よって、Cubase では、リアルタイムやステップで入力した MIDI データをコピペするだけで、簡単にボーカロイドで歌わせるメロディが作成できます。

　ボーカロイドのトラックで扱いやすいように、**Chapter 3「エレピ・パートのデータを1つのイベントにまとめる**」（94 ページ）を参考に、先ほど入力した 2 つのイベントをのりツール で 1 つにまとめておきます。

■入力ずみの MIDI イベントを ボーカロイドのトラックにコピペする

ボーカロイドのトラックを作成する

ボーカロイド用のインストゥルメントトラックを作成します。

手順

1 ここでは「Melody」トラックのデータをコピペするので、「Melody」トラックの下にボーカロイドのトラックを作成します。

Chapter 2「新規トラックの作成」（48 ページ）を参考に、「Melody」トラック（①）を選択した状態で右クリックし、「トラックを追加」（②）→「インストゥルメント」（③）をクリックします。

①「Melody」トラック   ②「トラックを追加」   ③「インストゥルメント」

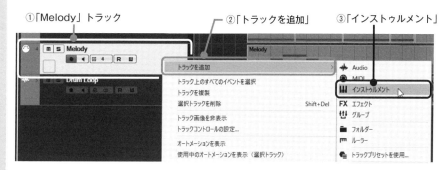

「トラックを追加」ウィンドウが開いたら、「インストゥルメント」欄（④）をクリックして「VOCALOID4 Inst」（⑤）を選択し、「トラックを追加」（⑥）をクリックします。

ヒント

「VOCALOID4.5 Editor for Cubase」は、メニューでは「VOCALOID4 Inst」と表示されます。

④「インストゥルメント」欄

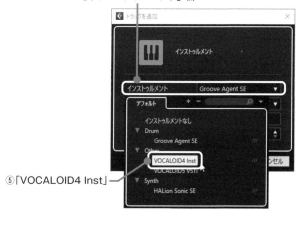

⑤「VOCALOID4 Inst」

⑥「トラックを追加」

「VOCALOID4 Inst 01」というボーカロイド用のトラック（⑦）が作成されます。

⑦「VOCALOID4 Inst 01」トラック

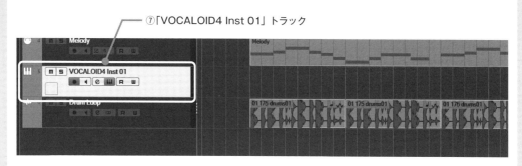

MIDI データをコピペする

作成したボーカロイドのトラックに、「Melody」トラックの MIDI データをコピペします。

手順

1 Alt キーを押しながらドラッグ、あるいは「編集」メニューの「コピー」や「貼り付け」を使って、「Melody」トラックのイベントをボーカロイドのトラックにコピペします。

ヒント

正確な位置にコピペできるよう、ドラッグする場合でも「編集」メニューを使う場合でも、「スナップオン／オフ」を点灯してオンに、「グリッドの間隔」を「小節」にしておきましょう。

くわしくは **Chapter 2**「コピー&ペースト（コピペ）」（54 ページ）をご覧ください。

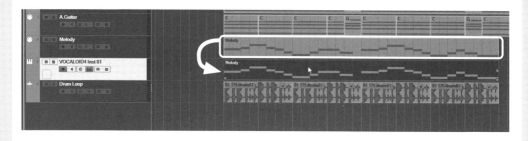

2 このままではコピーもとの「Melody」トラックとボーカロイドのトラックが二重に再生されてしまうので、「Melody」トラックの「m（ミュート）」ボタン（①）をクリックしてミュート状態にしてから再生します。

①「ミュート」ボタン

これで、メロディが「あ」という声で再生されるようになります。

■ボーカロイドに歌詞を入力する

　ボーカロイドのデータに歌詞を入力すれば、そのとおりに歌わせることができます。ここでは「み、み、ふぁ、そ」と音名を例に入力手順を説明していますが、ボカロPや作詞家になったつもりでオリジナルの歌詞を作って入力してもいいでしょう。

手順

1　ボーカロイドのトラックに作成したイベントを選択し（①）、「MIDI」メニュー（②）の「VOCALOID4 エディターを開く」（③）をクリックします。

②「MIDI」メニュー

③「VOCALOID4 エディターを開く」

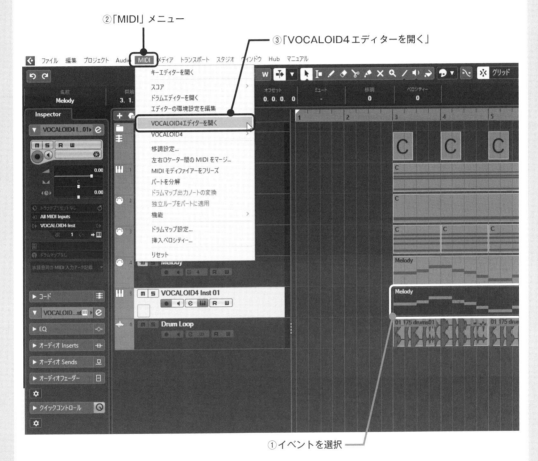

①イベントを選択

2　図のようなメッセージが表示されます。「はい」をクリックします（④）。

④クリック

3 右図のようなメッセージが表示されます。「OK」をクリックします（⑤）。

⑤ クリック

4 ボーカロイドのウィンドウが表示されます。スクロールバー（⑥）をドラッグして、先頭のデータが表示されるようにします。

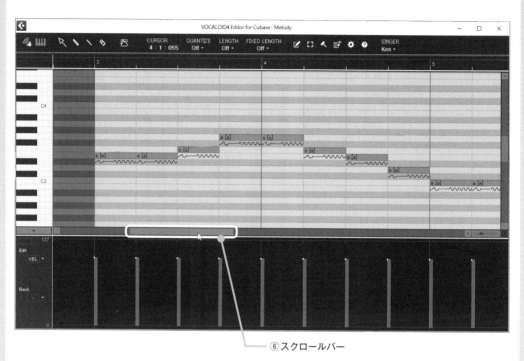

⑥ スクロールバー

5 先頭のデータをダブルクリックして（⑦）、データに表示されている歌詞「a」を反転表示させます。

6 パソコンを日本語入力モードにし、歌わせたい歌詞（ここでは音名の「み」）を入力して（⑧）**Enter** キーを押します。

ヒント

Enter キーを押すのは一度だけにします。2度押してしまうと、入力待機状態が終了してしまい続けて入力ができなくなってしまいます。

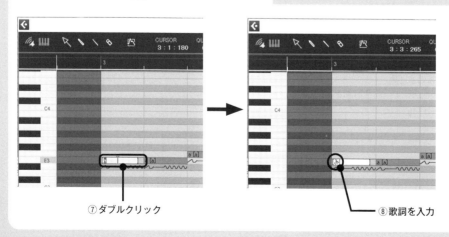

⑦ ダブルクリック

⑧ 歌詞を入力

7 Tab キーを押すと次のデータに移動し、歌詞が反転表示になり入力待機状態になります。

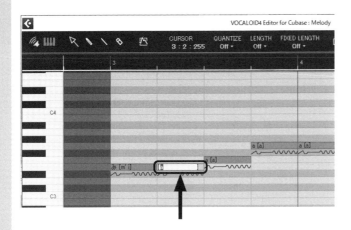

8 同様に2つ目の音で歌わせたい歌詞（ここでは音名の「み」）を入力し Enter キーを押したあと、Tab キーを押して次のデータに移動します。

この操作を続けて歌わせたい歌詞を最後まで入力します。
これで再生させると、入力した歌詞のとおりに歌います。

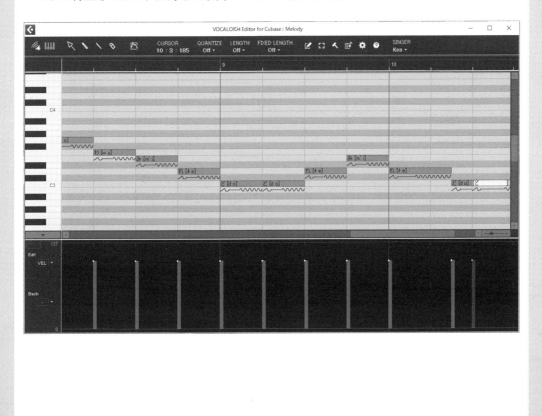

■ボーカロイドで新規にデータを入力する

　ここまでは、すでに入力した MIDI データをボーカロイドのデータに変換しましたが、最初からボーカロイドのデータとして入力することもできます。ボーカロイドでの入力は、キーエディターでのステップ入力とほぼ同じ要領でおこなえるので挑戦してみましょう。なお、ここでの操作は、VOCALOID 5 の VST バージョンでおこなっています。

ヒント

ここでの「VST」とは、これまで使ってきた「HALion Sonic SE」など、付属の VST インストゥルメントと同じ意味で、Cubase の製造元の Steinberg が提唱しているエフェクトやインストゥルメントの統一規格です。この規格に則っている製品は、有償、無償を問わず Cubase シリーズで使用することができます。ただし、たとえばお使いのパソコンの特定の OS やビット数、あるいは特定の製品以外で使用できないよう制限がある、などの理由により使えないこともあるので、VST エフェクト／インストゥルメントを追加する際には、製造元のマニュアルなどでご確認ください。

手 順

1 Chapter 2「**新規トラックの作成**」（48 ページ）を参考に、VST 用ボーカロイドのインストゥルメントトラックを作成します。

　既存のトラック上などで右クリックして、「トラックを追加」（①）→「インストゥルメント」（②）をクリックします。

①「トラックを追加」　②「インストゥルメント」

　「トラックを追加」ウィンドウが開きます。「インストゥルメント」欄（③）をクリックして「VOCALOID5 VSTi」（④）を選択し、「トラックを追加」（⑤）をクリックします。

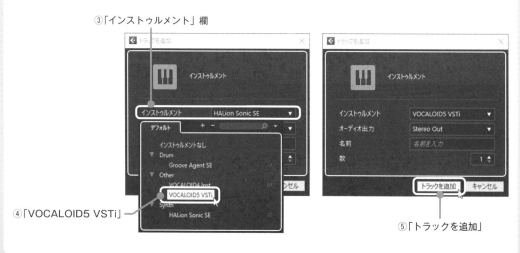

③「インストゥルメント」欄

④「VOCALOID5 VSTi」

⑤「トラックを追加」

「VOCALOID5 VSTi　01」トラックが作成され、「VOCALOID5 Editor」が開きます。

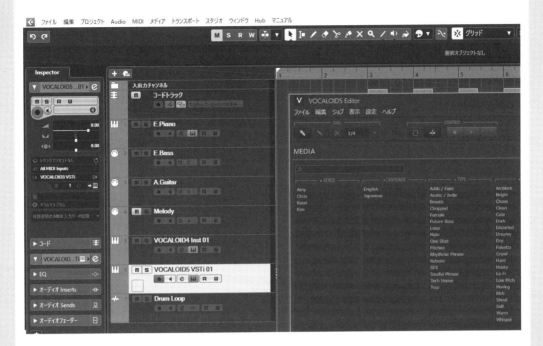

デフォルトでは VOCALOID5 Editor は歌声などを設定する画面が開きます。「表示」(⑥)
→「下ゾーンの開閉」(⑦) をクリックして、メロディと歌詞を入力する画面にします。

⑥「表示」

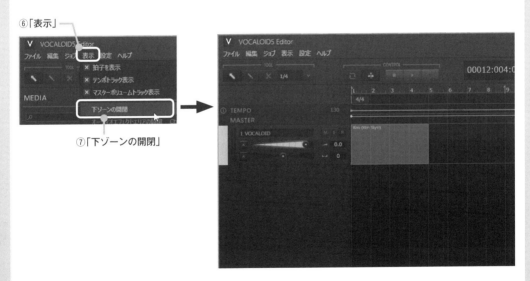

⑦「下ゾーンの開閉」

2 VOCALOID5 にはデフォルトでトラックが1つと、そこに1小節目から、4小節分の長
さの空のイベントが作成されています。

このイベントを、メロディのはじまりである3小節目にドラッグします。

小節単位の移動なので、左上のクオンタイズをクリックして「1/1 (全音符 = 4/4拍子で
の1小節)」(次ページ図⑧) を選択してから、イベントをドラッグして移動します。

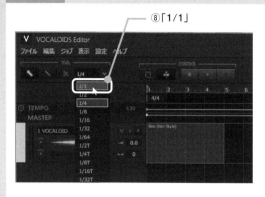

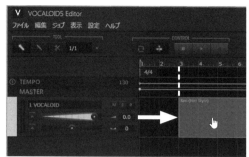

⑧「1/1」

3 イベントをダブルクリックしてエディターを開きます。

Cubase のキーエディターととてもよく似たエディターが開きます。仕組みやデータの入力方法も Cubase のキーエディターと同じです。

4 157 ページに示した楽譜の前半 4 小節のメロディを入力します。

鉛筆ツール（⑨）を選択し、音を入力するタイミングと長さを設定する「クオンタイズ」では、4 分音符である「1/4」（⑩）を選択します。

⑨鉛筆ツール　　　　　　　　　⑩「1/4」

5 159 ページ「**ステップ入力の実践**」を参考にノートデータを入力していき、169 ページ「**ボーカロイドに歌詞を入力する**」を参考に歌詞を入力します。

ヒント

先に前半の歌詞を入力しておくと、ノートデータと同時に歌詞もコピーすることができます。

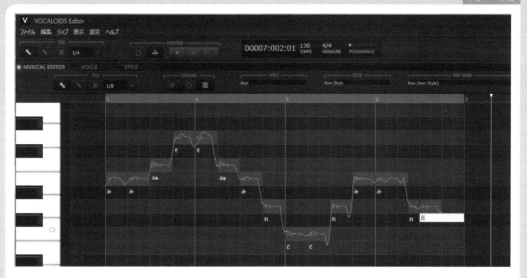

6 後半部分のコピペをおこなうために、一度、「表示」
（⑪）→「下ゾーンの開閉」（⑫）をクリックします。

⑪「表示」

7 左上の「クオンタイズ」をクリックしてメニューか
ら「1/1（1小節）」（⑬）をクリックします。

8 163ページ**「後半の4小節をコピペで作成する」**を
参考に、前半の4小節をコピペします。

⑫「下ゾーンの開閉」

⑬「1/1」

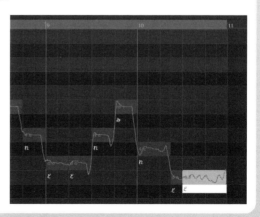

9 コピペしたイベントをダブルクリックし
てエディターを開き、164ページ**「後半4
小節目（プロジェクトの10小節目）の
修正」**を参考に、8小節目のメロディを
修正し、歌詞も修正します。

ヒント

> すでに入力してある歌詞を変更するには、
> その文字をダブルクリックします。

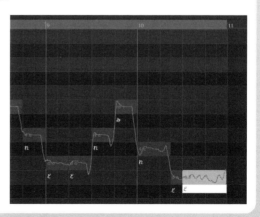

コラム あれ？　さっきまで作っていたプロジェクトが反応しない？

　Cubase シリーズは、基本的に複数のプロジェクトを起動することができますが、操作できる（＝有効になる）プロジェクトは 1 つだけです。

　複数のプロジェクトを起動して作業しているときによくあるのが、前面に表示されているのにプロジェクトが有効になっておらず、表示が普段と違っていたり、画面をクリックしても操作ができないという症状です。

　たとえば、「Back Track」「Melody」という 2 つのプロジェクトを起動し、「Back Track」のプロジェクトを操作しているとします。ここで、もう 1 つのプロジェクト「Melody」を操作したくなり、「ウィンドウ」メニューで「Melody」を選択して、「Melody」のプロジェクトを前面に表示しました（➡ **Chapter 4 ヒント**〔120 ページ〕参照）。

　しかし、トラックを選択しても、左ゾーンの「Inspector」に通常表示されるトラックの詳細が何も表示されず、ショートカットやトランスポートパネルで再生の操作をしても、隠れている「Back Track」のプロジェクトが再生されてしまいます。

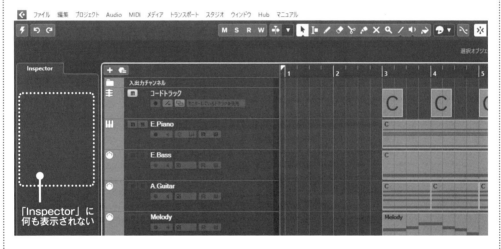

　実際に操作したい「Melody」を有効にするには、プロジェクトウィンドウ左上の「プロジェクトの有効化」をクリックしてオン（点灯）にします。

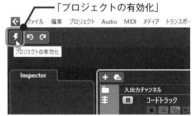

　たくさんのプロジェクトを起動していると、思わぬ操作で、無効になっているはずのプロジェクトのエディターを開いて操作して「あれ？　音が鳴らない」ということにもなりかねません。特に必要がない場合は、操作しないプロジェクトやエディターはできるだけ閉じておくことをお勧めします。

メロディを入力しよう③
〜オーディオ録音編

　この Chapter では、ギターや歌などの「オーディオデータ」でメロディを入力（録音）します。メロディの譜面は、Chapter 5「入力／録音するメロディ」（134 ページ）、Chapter 6「キーエディターでのステップ入力の準備」（157 ページ）をご覧ください。また、ギターや歌の他にシンセサイザーの音を録音する方法も解説しています。

　外部からのオーディオ入力（録音）は、オーディオインターフェース経由でおこないます。ここではじめてオーディオインターフェースに楽器などを接続して録音することになるので、Chapter 1「オーディオデバイスの設定」（30 ページ）、「オーディオコネクション設定」（37 ページ）、「モノラルの入力バスを追加する」（38 ページ）を確認して、確実に入力（録音）がおこなえるようにしてください。

エレキギター録音編

　これからエレキギターを演奏してメロディ用のトラックに録音しますが、エレキギターを
ギターアンプに接続して鳴らした音をマイクで録音するのではなく、オーディオインター
フェース経由でパソコンに取り込む「ライン録音」という方法で録音します。

　本書で使用している Steinberg のオーディオインターフェース UR22C では、エレキギター
を直接接続して録音するための HI-Z（ハイインピーダンス）ボタンが INPUT（チャンネル）
2 に装備されているので、これを利用します。他のオーディオインターフェースをお使いの
方は、マニュアルなどでご確認ください。また、エレキギターとオーディオインターフェー
スは、両端に「フォーン」という端子が装着されたケーブルで接続します。

　Chapter 5「入力前の準備」（135 ページ）を参考に、曲の先頭に 2 小節分の空白を空け、
テンポ、メトロノームなどの設定をおこなっておきます。

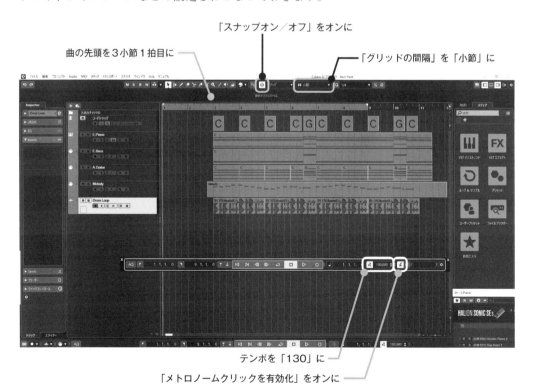

「スナップオン／オフ」をオンに

曲の先頭を 3 小節 1 拍目に

「グリッドの間隔」を「小節」に

テンポを「130」に

「メトロノームクリックを有効化」をオンに

■オーディオトラックの作成

　これまでのリアルタイム入力やステップ入力とは異なり、エレキギターを録音するのは「オーディオトラック」になります。オーディオトラックは VST インストゥルメントと関係はないので、どの位置に作成してもかまいません。Cubase ではトラックを作成する際、選択されているトラックの下に作成されます。ここでは一番下の「Drum Loop」トラックの下に作成します。

手順

1 Chapter 2「新規トラックの作成」（48 ページ）を参考に、「Drum Loop」トラックを選択して（①）トラックの上で右クリックし（②）、「トラックを追加」（③）から「Audio」（④）をクリックします。

①「Drum Loop」トラックを選択
②右クリック
③「トラックを追加」
④「Audio」

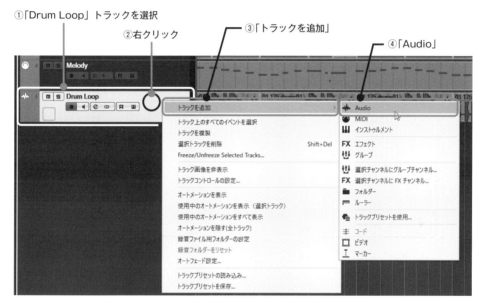

2 「トラックを追加」ウィンドウが開きます。

　これから録音するのは、ギターのモノラル信号なので「構成」欄（⑤）をクリックして「モノラル」（⑥）を選択し、「数」（⑦）はデフォルトの「1」のままにします。

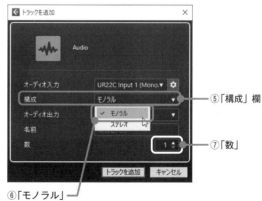

⑤「構成」欄
⑦「数」
⑥「モノラル」

3 「名前」の欄をクリックして、「Guitar」と入力します（⑨）。

⑨「名前」

4 「オーディオ入力」欄（⑩）では、オーディオインターフェースの入力を選択します。
ここでは使用しているオーディオインターフェース UR22C の Input 1 が選択されていますが、UR22C のギターが接続できる端子（HI-Z、ハイインピーダンス）は INPUT 2 のみになっています。よってここでは、UR22C の項目をクリックしてメニューから「UR22C Input 2（Mono）」（⑪）をクリックして選択します。
UR22C Input 2 を選択すると、自動的に「モノラル in 2」と表示されます。

5 「トラックを追加」（⑫）をクリックします。

⑩「オーディオ入力」欄

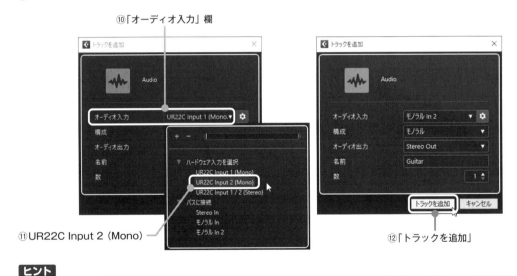

⑪ UR22C Input 2（Mono）

⑫「トラックを追加」

ヒント

HI-Z（ハイインピーダンス）って何？

インピーダンスは交流抵抗のことで、これが高いことを「ハイインピーダンス HI-Z（Z は記号、High Impedance。単位はオーム）」といいます。回路に電池を使用しないエレキギター／ベースは、一般的にこのハイインピーダンスの信号を出力するようになっています。一方、オーディオインターフェースなどの音響機器の入力はほとんどインピーダンスの低い「ローインピーダンス」の信号を受けるよう設計されており、エレキギター／ベースを接続してもきちんとした音／音量で録音できないことがあります。
UR シリーズでは HI-Z ボタンを押しこむことによって、エレキギター／ベースを録音することができます。

■エレキギターの接続

エレキギターをオーディオインターフェースの HI-Z（ハイインピーダンス）対応の入力端子に接続します。

手順

1 エレキギターを接続したり HI-Z（ハイインピーダンス）ボタンを押したりする際に、ノイズなどが発生する場合があります。あらかじめオーディオインターフェースの OUTPUT、PHONES（ヘッドホン）などのボリュームを下げ（①）、スピーカーなど再生機器のボリュームも下げておきます。

2 HI-Z ボタン（②）を押し込んだ状態にします。

3 エレキギターにケーブルを接続し、ケーブルのもう片方を INPUT 2（③）に接続します。ここで使用している UR22C のように MIX ツマミが装備されているオーディオインターフェースでは、MIX ツマミ（④）を右いっぱい（DAW 側）にしておきます。こうすることによって、後述する AmpSimulator などのエフェクトをかけた音をモニターしながら演奏することができます。

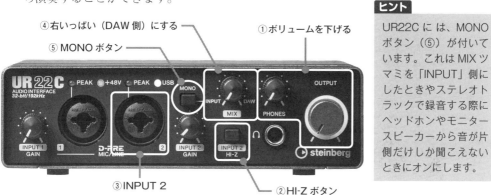

④右いっぱい（DAW 側）にする
⑤ MONO ボタン
①ボリュームを下げる
③INPUT 2
②HI-Z ボタン

ヒント

UR22C に は、MONO ボタン（⑤）が付いています。これは MIX ツマミを「INPUT」側にしたときやステレオトラックで録音する際にヘッドホンやモニタースピーカーから音が片側だけしか聞こえないときにオンにします。

4 「Guitar」トラックをクリックして選択し、「モニタリング」（⑥）をクリックしてオン（オレンジ色に点灯）にします。

5 エレキギターに装備されているスイッチやボリュームを操作して、エレキギターから音が出力される状態にしてエレキギターを弾き、入力レベルメーター（⑦）が反応するのを確認します。
入力レベルメーターが低いところ（トラックの下のほう）で反応しているときには、音量が小さいので INPUT 2 の GAIN（⑧）を右に回して音量レベルを大きく、反対

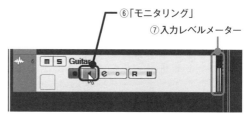

⑥「モニタリング」
⑦入力レベルメーター
⑧INPUT 2 の GAIN

Chapter 7

に入力レベルメーターの上部まで振り切ってしまっているような場合には、音量が大きすぎるので INPUT 2 の GAIN を左に回して音量を小さくします。

なお、ここでの操作はギターの音がきちんと Cubase のトラックに入力されているかどうかの確認で、実際に録音する音量の調整は、このあと録音直前にもう一度改めておこないます。

6 オーディオインターフェースの OUTPUT、PHONES などのボリュームと再生装置のボリュームを上げて、音が鳴るのを確認します。

7 録音の際に入力レベルメーターが見えやすいように「Guitar」トラックの縦幅を拡大しておきましょう。トラックの下側にカーソルを近づけて「↕」になったら下にドラッグします。

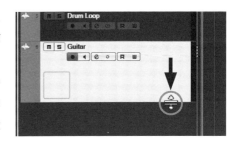

ショートカットは **Ctrl** + ↓ キーです。縦幅を拡大したいトラック（ここでは「Guitar」トラック）を選択した状態で操作します。

■エフェクトを使う

そのままの素の音で録音してもいいのですが、Cubase シリーズにはギターアンプを通したようなサウンドにするエフェクト「AmpSimulator」が付属しているので試してみましょう。

①「Inserts」　　②「Insert を選択」

AmpSimulator を開く

手順

1 「Guitar」トラックを選択し、左ゾーンの「Inserts」（①）をクリックします。

2 スロットが開くので、「Insert を選択」（②）をクリックします。

3 メニューが開きます。「Distortion」（③）から「AmpSimulator」（④）をクリックして選択します。

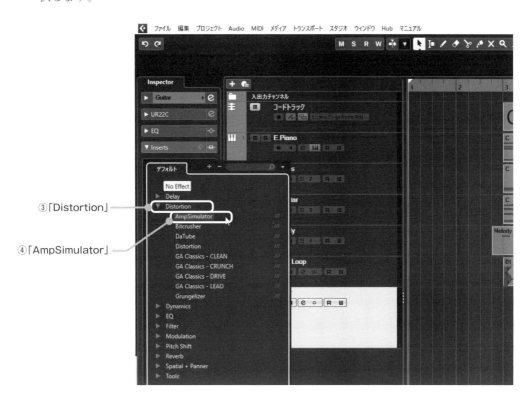

AmpSimulator が開きます。

AmpSimulator に表示されているツマミは、エレキギターで使うアンプとほぼ同じコントロールになっているので、気軽にギター向けの音作りができます。

プリセットの選択

AmpSimulator にはプリセットが用意されているので利用しましょう。

手 順

1 「プリセット」欄（①）をクリックするとプリセットが表示されます。

2 プリセット（ここでは「Vintage Rock」）をダブルクリックして選択します（②）。

さらに好みの音になるよう、コントロールツマミをドラッグして調整してみましょう。

184

■エレキギター録音の実際

手順

1 思いっきりエレキギターを弾いたときに「Guitar」トラックの入力レベルメーター（①）が80％くらいになるよう、オーディオインターフェースのINPUT 2のGAINツマミ（②）を使って録音レベルを調整します。

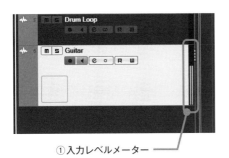

①入力レベルメーター　　②INPUT 2のGAINツマミ

2 Chapter 2「再生などトランスポートの操作」（59ページ）を参考に、曲を先頭に戻したあと、ショートカットの*キーを押すかトランスポートパネルの「録音」ボタンをクリックして録音を開始します。

3 最初の2小節はメトロノーム音が1拍ずつ鳴ります。メトロノーム音を8回聞いたあと、3小節目からエレキギターを弾いて録音します。

4 弾き終わったらショートカットの0キーを押すか、トランスポートパネルの「停止」ボタンをクリックして停止します。

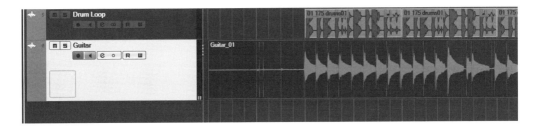

「モニタリング」ボタンをクリックしてオフ（消灯）にして、先頭から再生して聞いてみましょう。

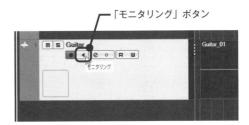

「モニタリング」ボタン

　録音したオーディオデータの編集については、次の Chapter8「オーディオデータの編集」（195ページ〜）をご覧ください。

ボーカル録音編

　次は、マイクをオーディオインターフェースに接続して歌い、「Vocal」トラックに録音します。マイクを接続する端子にはいろいろなものがありますが、ここでは XLR（またはキャノン）という端子が装着されたマイクケーブルと、マイクを接続して録音します。

　Chapter 5「入力前の準備」（135 ページ）を参考に、曲の先頭に 2 小節分の空白を空け、テンポ、メトロノームなどの設定をおこなっておきます。

■オーディオトラックの作成

　179 ページ「**オーディオトラックの作成**」を参考に、「Drum Loop」のトラックの下にモノのボーカル用トラックを作成し、手順 3 ではトラック名に「Vocal」を入力します。さらに手順 4 では UR22C の項目をクリックして、メニューから「UR22C Input 1（Mono）」をクリックして選択します。

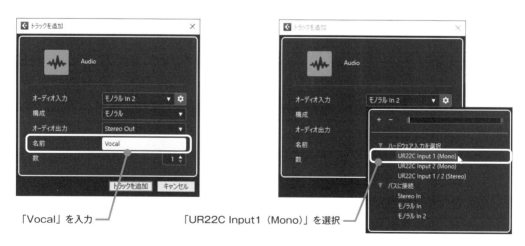

「Vocal」を入力

「UR22C Input1（Mono）」を選択

> **ヒント**
>
> 「オーディオ入力」をクリックして表示される項目は、**Chapter 1「オーディオコネクションの設定」の「「入力」タブの設定」**（38 ページ）によって設定されています。この設定により「Mono In」はオーディオインターフェース（ここでは UR22C）の INPUT 1 にルーティングされており、この INPUT 1 に接続したマイクの音が録音されます。もし、「オーディオ入力」欄の表示の項目が異なっている場合は「「入力」タブの設定」に戻り、確認／設定してください。

■マイクの接続

マイクを接続します。本書で使用している Steinberg のオーディオインターフェース UR22C では、INPUT 1と2にマイクを接続することができます。ここでは INPUT 1にダイナミックマイクを接続する方法を解説します。

コンデンサーマイクを使用する場合には、「ファンタム電源」が必要になります。くわしくはこの項の手順3をご覧ください。

手順

1 マイクを接続する際に、ノイズなどが発生する場合があります。あらかじめオーディオインターフェースの OUTPUT、PHONES（ヘッドホン）などのボリュームを下げ（①）、スピーカーなどの再生機器のボリュームも下げておきます。

2 マイクにケーブルを接続し、ケーブルのもう片方を INPUT 1（②）に接続します。
ここで使用している UR22C のように MIX ツマミが装備されているオーディオインターフェースでは、MIX ツマミ（③）を右いっぱい（DAW 側）にしておきます。こうすることによって、後述する RoomWorks SE などのエフェクトをかけた音をモニターしながら演奏することができます。

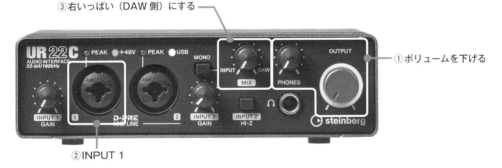

③右いっぱい（DAW 側）にする

①ボリュームを下げる

②INPUT 1

3 コンデンサーマイクを使用している場合には、ファンタム電源をオンにします。UR22C では「+48V」ボタン（④）を押すことで、ファンタム電源がオンになります。
ファンタム電源をオン／オフするときはノイズが発生することがあるので、再生機器のボリュームを下げておきましょう。

④「+48V」ボタン

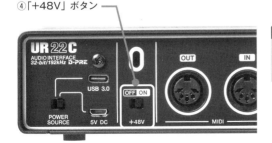

ヒント

UR22C では、ファンタム電源は裏面に用意されています。

4 「Vocal」トラックをクリックして選択し、「モニタリング」（⑤）をクリックしてオン（オレンジ色に点灯）にします。

5 マイクの本体などに装備されているスイッチ類を操作して、マイクから音が出力される状態にしてマイクに向かって声を出し、入力レベルメーター（⑥）が反応するのを確認します。入力レベルメーターが低いところ（トラックの下のほう）で反応しているときには、音量が小さいので INPUT 1 の GAIN を右に回して音量を大きく、反対に入力レベルメーターの上部まで振り切ってしまっているような場合には、音量が大きすぎるので INPUT 1 の GAIN（⑦）を左に回して音量を小さくします。
なお、ここでの操作は、マイクを通した声がきちんと Cubase のトラックに入力されているかどうかの確認で、実際に録音する音量の調整は、このあと録音直前にもう一度改めておこないます。

⑥入力レベルメーター

⑧MONO ボタン

⑤「モニタリング」

⑦INPUT 1 の GAIN

> **ヒント**
>
> GAIN を操作しても入力レベルメーターがまったく反応しない場合は、**Chapter 1「パソコンと各機器の接続」**（26 ページ）、**「「入力タブ」の設定」**（38 ページ）や、**「オーディオトラックの作成」**の手順 4、オーディオ入力の選択（180 ページ）を確認してください。

> **ヒント**
>
> UR22C には、MONO ボタン（⑧）が付いています。これは MIX ツマミを「INPUT」側にしたときやステレオトラックで録音する際にヘッドホンやモニタースピーカーから音が片側だけしか聞こえないときにオンにします。

6 オーディオインターフェースの OUTPUT、PHONES などのボリュームと再生装置のボリュームを上げて、音が鳴るのを確認します。

7 181 ページ**「エレキギターの接続」**の手順 7 を参考に、入力レベルメーターが見えやすいよう「Vocal」トラックの縦幅を拡大しておきましょう。
ショートカットは Ctrl + ↓キーです。縦幅を拡大したいトラック（ここでは「Vocal」トラック）を選択した状態で操作します。

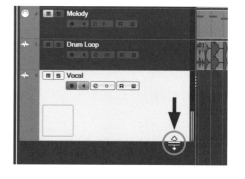

■エフェクトを使う

　ボーカルの素の音でも録音できますが、少しリバーブやエコーなど、声がよく響くエフェクトがかかっていたほうが歌いやすくなります。Cubase シリーズには高品位なリバーブが得られる「RoomWorks SE」が付属しているので試してみましょう。

RoomWorks SE を開く

手順

1 182 ページ **「エフェクトを使う」** 手順３までを参考に、エフェクトのメニューを開き、「Reverb」（①）から「RoomWorks SE」（②）をクリックして選択します。

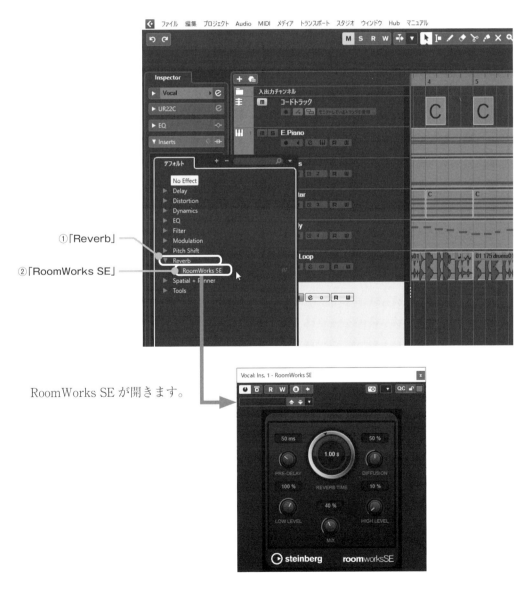

①「Reverb」
②「RoomWorks SE」

RoomWorks SE が開きます。

プリセットの選択

RoomWorks SE にはプリセットが用意されているので利用しましょう。

手順

1 「プリセット」欄（①）をクリックするとプリセットが表示されます。

2 プリセット（ここでは「Bright Plate Reverb」）をダブルクリックして選択します（②）。

リバーブの深さは「Mix」ツマミ（③）で調整します。右に回す（数値が大きくなる）とリバーブが深くなり、左に回す（数値が小さくなる）とリバーブが浅くなります。ここでは、ごく浅めにかけるために20％前後にします。

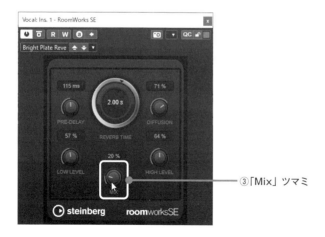

■ボーカル録音の実際

手順

1 一番大きな声で歌ったときに「Vocal」トラックの入力レベルメーター（①）が80％くらいになるよう、オーディオインターフェースのINPUT 1のGAINツマミ（②）を使って、録音レベルを調整します。

①入力レベルメーター　　②INPUT 1のGAINツマミ

2 Chapter 2「再生などトランスポートの操作」（59ページ）を参考に、曲を先頭に戻したあと、ショートカットの[*]キーを押すかトランスポートパネルの「録音」ボタンをクリックして録音を開始します。

3 最初の2小節はメトロノーム音が1拍ずつ鳴ります。メトロノーム音を8回聞いたあと、3小節目からマイクに向かって歌って録音します。

4 弾き終わったらショートカットの[0]キーを押すか、トランスポートパネルの「停止」ボタンをクリックして停止します。

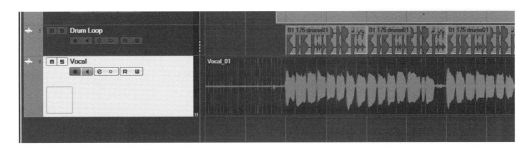

　「モニタリング」ボタンをクリックしてオフ（消灯）にして、先頭から再生して聞いてみましょう。

「モニタリング」ボタン

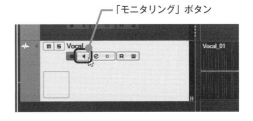

　録音したオーディオデータの編集については、次の**Chapter8「オーディオデータの編集」**（195ページ〜）をご覧ください。

シンセサイザーなどのライン楽器を ステレオで録音する方法

　本書では、エレキギターやボーカルなど、モノラル素材の音を、マイクレベルで録音する例を解説していますが、シンセサイザーやCD、カセットデッキなどの音はステレオ素材で、「ライン」と呼ばれる比較的に信号の音量レベルが高い機器の録音も可能です。このChapterで解説してきたオーディオデータの入力（録音）との違いは、録音するトラックがステレオであることと信号がラインレベルであることだけで、他の手順はギターやマイクを使った録音とほとんど同じです。

ヒント

ここでの「ライン」という言葉は、信号の「音量レベルが大きい機器」のことを表しています。接続方法を示す「ライン接続」と混同しないようにしましょう。つまりここでの操作は「音量がラインレベルのシンセサイザーなどの楽器を、ライン接続して録音する」ということです。

　また接続には、シンセサイザーなどで多く使われているフォーン端子が装着されたケーブルで解説しています。他のRCA端子やミニフォーン端子のケーブルをお使いの場合にはそれぞれフォーン端子への変換ケーブルや端子をお使いください。なお、XLR端子のケーブルをお使いの場合、UR22Cではそのまま接続が可能ですが、他のオーディオインターフェースの場合には対応できないこともあります。くわしくはお使いのオーディオインターフェースのマニュアルなどでご確認ください。

ヒント

オーディオインターフェースによっては、ライン用の端子や信号に対応していないこともあります。くわしくはお使いのオーディオインターフェースのマニュアルなどでご確認ください。

ヒント

レコードプレーヤーでも同じような操作で録音することができますが、機種によってラインレベルに持ち上げるために「フォノイコライザー」というアンプが必要な場合があります。くわしくはお使いのレコードプレーヤーのマニュアルなどでご確認ください。

■オーディオトラックの作成

　179ページ「オーディオトラックの作成」を参考に、「Drum Loop」トラックの下にシンセサイザー用のオーディオトラックを作成します。これまでとは違いステレオトラックを作成するので「構成」欄で「ステレオ」を選択すると、「オーディオ入力」欄では自動的に「Stereo in」が選択されます。そしてトラック名は「Synth」とします。

　入力レベルメーターが見えやすいように181ページ「**エレキギターの接続**」の手順7を参考に、トラックの縦幅を拡大しておきましょう。

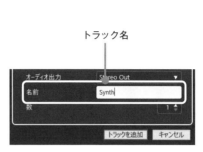

トラック名

「ステレオ」を選択

■シンセサイザーの接続

手順

1 シンセサイザーを接続する際に、ノイズなどが発生する場合があります。あらかじめオーディオインターフェースのOUTPUT、PHONES（ヘッドホン）などのボリュームを下げ（①）、スピーカーなど再生機器のボリュームも下げておきます。
　また、ファンタム電源（②）やHI-Zボタン（③）がオンになっている場合はオフにします。

2 シンセサイザーの出力端子から、UR22Cの前面のINPUT 1と2（④）に、フォーンケーブルを使って接続します。

①ボリュームを下げる

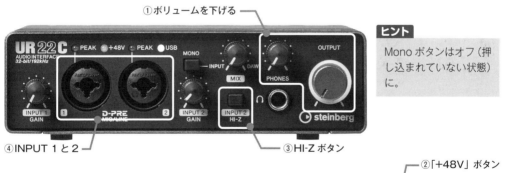

ヒント

Monoボタンはオフ（押し込まれていない状態）に。

④INPUT 1と2

③HI-Zボタン

②「＋48V」ボタン

ヒント

UR22Cでは、ファンタム電源は裏面に用意されています。

3 「Synth」トラックをクリックして選択し、「モニタリング」（⑦）をクリックしてオン（オレンジ色に点灯）にしてシンセサイザーを弾き、入力レベルメーター（⑧）が反応して80％くらいになるよう、オーディオインターフェースの INPUT 1 と 2 の GAIN（⑨）を調整します。

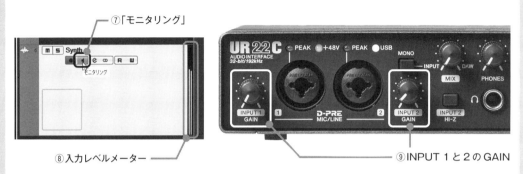

⑦「モニタリング」

⑧入力レベルメーター

⑨INPUT 1 と 2 の GAIN

4 オーディオインターフェースの OUTPUT、PHONES などのボリューム、再生装置のボリュームなどを上げて音が鳴るのを確認します。

ヒント

シンセサイザーは、鳴らす音色によって出力レベルに差が出る場合があります。必ず録音に使用する音色でレベルの確認をするようにしましょう。

■シンセサイザー録音の実際

　Chapter 2「再生などトランスポートの操作」（59 ページ）を参考に、曲を先頭に戻したあと、ショートカットの＊キーを押すかトランスポートパネルの「録音」ボタンをクリックして録音、演奏し終わったらショートカットの0キーを押すか、トランスポートパネルの「停止」ボタンをクリックして停止します。

　録音が終わったら、「Synth」トラックの「モニタリング」ボタンをクリックしてオフ（消灯）にして、先頭から再生して聞いてみましょう。

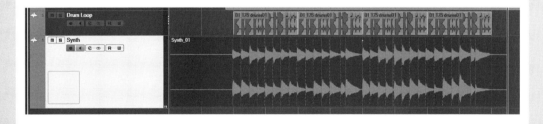

　録音したオーディオデータの編集については、次の **Chapter8「オーディオデータの編集」**（195 ページ〜）をご覧ください。

オーディオデータの編集

録音したオーディオデータは、Cubase のオーディオ編集機能で、音量やタイミングを修正することができます。ここでは、オーディオイベントを直接編集する方法と、オーディオを編集する「サンプルエディター」を使った編集方法を解説します。

オーディオデータの タイミングを修正する

オーディオデータはイベント単位で記録されているため、MIDI データのように1つ1つの音のタイミングを個別に編集することはできませんが、全体的なタイミングはイベントをドラッグして移動することで修正が可能です。

なおここでの操作はとても細かな調整になるため、「スナップオン／オフ」を消灯してオフにしておきます。またオーディオデータの細部を確認しながら操作ができるよう、トラックとイベントを縦横に十分拡大しておいてください。

「スナップオン／オフ」をオフに

■イベントを後ろ（右）に移動する

Chapter 5「全体的なタイミングのずれをイベント移動で修正する」の「イベントを後ろにずらす」（145 ページ）を参考に、そのままイベントを後ろにドラッグします。

> **ヒント**
> 何度か再生してタイミングを確認しながら調整します。

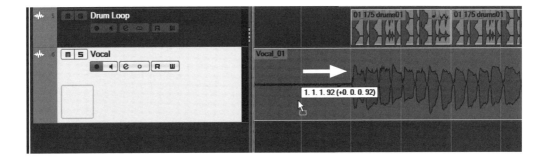

■イベントを前（左）に移動する

　録音されたオーディオイベントは1小節1拍目からはじまっているため、これ以上左にド
ラッグして移動することができません。**Chapter 5「全体的なタイミングのずれをイベン
ト移動で修正する」**の**「イベントを前にずらす」**（145ページ）を参考に、オーディオイベン
ト先頭（左端）の無音部分をドラッグで短くしたあと、イベントを前にドラッグします。

> **ヒント**
>
> 何度か再生してタイミングを確認しながら調整し
> ます。

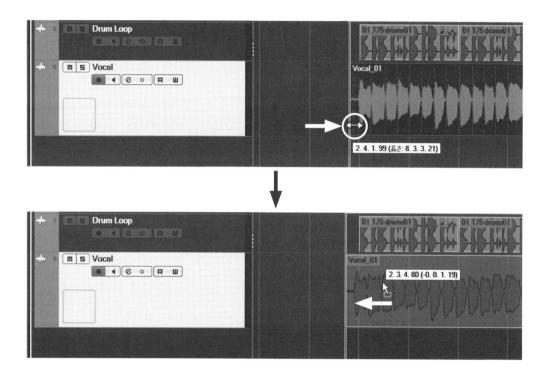

イベントの状態でオーディオデータを編集する

イベントの状態で、ボリュームを上下させたり、フェードイン／アウトさせたりなどの編集がおこなえます。たとえば、ギターを弾きはじめる前の無音部分でのノイズが気になる、あるいは逆に弾き終わって録音を停止するまでのノイズが気になる、というような場合に有効です。

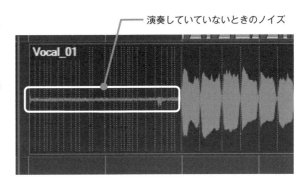

演奏していていないときのノイズ

イベントの状態での編集は、データを書き換えない「非破壊編集」なので、プロジェクトを保存したあとも「元に戻す」で取り消すことができ、さらに一度プロジェクトを閉じて再度開いた場合も、編集しなおすことができます。

■イベントを縮めてフェードイン／アウトさせる

演奏していない部分のイベントを縮めることで、必要のないノイズなどが鳴らないようにします。

手順

1 Chapter 5「全体的なタイミングのずれをイベント移動で修正する」の「イベントを前にずらす」（145 ページ）を参考に、イベントの先頭（左端）をドラッグで短くして鳴らないようにします。

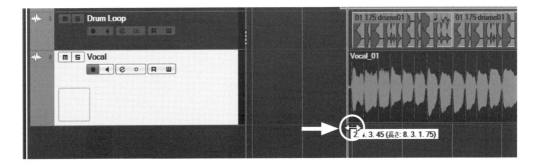

これで演奏前の無音部分は再生されなくなり、ノイズが軽減します。

ただし、こうすると最初の音が唐突に鳴って不自然なはじまりになるので、フェードイン処理をします。

2 イベントの左上端にカーソルをあわせると、「↔」になります。右にドラッグするとフェードインのラインが表示されます。何度か再生して自然な音の鳴りはじめになるようにします。

ヒント

フェードインにあわせて波形の大きさも変わりますが、これは波形を書き換えているのではなく、表示のみを変更しています。よって、フェードインのラインをもとに戻すと波形ももとに戻ります。

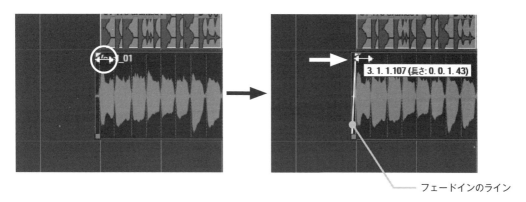

フェードインのライン

3 次は弾き終わったあとのノイズです。手順1、2を参考に調整します。

まず、イベントの右端をドラッグして縮め、弾き終わってから停止させるまでのノイズ部分が演奏されないようにします。

このままでは最後の音がブッッと切れて不自然なので、フェードインのときと同じように、イベントの右上端にカーソルをあわせると「↔」になるので、左にドラッグして自然に音が消えていくように調整します。

フェードアウトを設定する

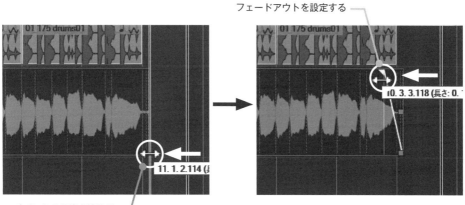

イベントの最後を縮める

■イベント全体の音量を上下する

　イベント上にカーソルを置くと、イベントの中央に白い四角のポイントが表示されます。このポイントを上下にドラッグすることで、イベント全体の音量を調整します。

　白い四角のポイントを下にドラッグすると、イベント全体の音量を下げることができます。

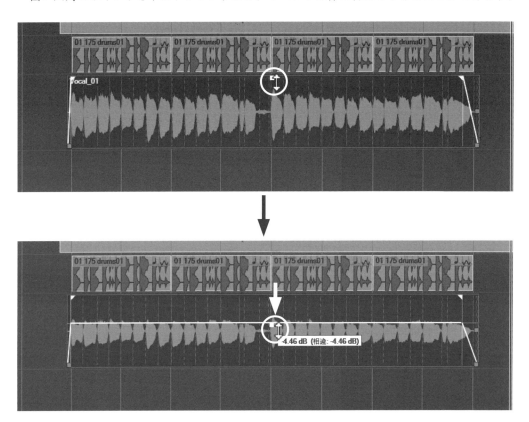

　このポイントはイベントの高さを超えることはできませんが、ウィンドウに表示されているポイントの位置は気にせずに、さらにカーソルを上にドラッグし続けることによって音量を上げ続けることができます。最高24dB（デシベル）増幅させることができます。

オーディオデータの
テンポを変更する

MIDIデータは、プロジェクトのテンポを変えると自動的にテンポが追従しますが、オーディオデータをプロジェクトのテンポ変化に追従させるには操作が必要です。

ここではすでに録音ずみのVocalのテンポを変更します。

手順

1 「メディア」メニュー（①）の「プールを開く」（②）をクリックします。

2 「プール」が開きます。「Audio」フォルダーの左にある「+」をクリックします（③）。

3 「ミュ」と表示されている項目に注目します。

①「メディア」メニュー　②「プールを開く」

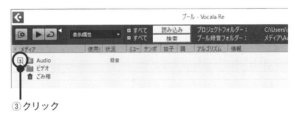

③クリック

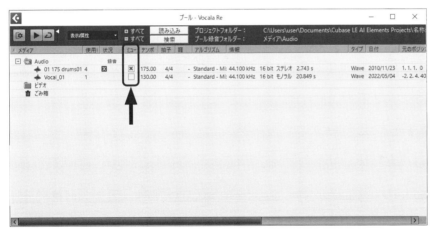

ヒント

「プール」とは、プロジェクトで使用しているオーディオやビデオのデータを保存している場所です。Cubaseに付属しているループファイルも、プロジェクトで使用するとこのプールに保存されます。また、新たに録音したオーディオデータだけではなく、CDなど外部から読み込んだオーディオデータをプロジェクトに読み込んだ場合も、このプールに保存されます。

Chapter 8

4 デフォルトでは項目名がすべて表示されていませんが、この「ミュ」の右側にある境界線を右にドラッグすると、「ミュージカルモード」（④）という項目名がすべて表示されるようになります。

④「ミュージカルモード」

5 「Vocal_01」（⑤）が録音したデータです。このミュージカルモードの四角をクリックしてチェック（×）を入れます（⑥）。

ヒント

トラック名がそのままデータ名になります。また同じトラックで録音を繰り返すと、たとえば「Vocal」というトラックなら「Vocal_01」、「Vocal_02」というように番号が振られていきます。

⑤「Vocal 01」

⑥チェックを入れる

6 「プール」を閉じると、チェックを入れた「Vocal_01」イベントの右隅に音符と波形のマークが表示されます（⑥）。これで、オーディオデータのテンポがプロジェクトのテンポの変更に追従するようになります。

⑥音符と波形のマークが表示される

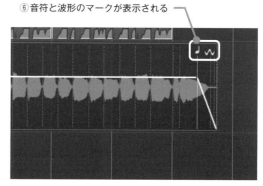

サンプルエディターを開いて
オーディオデータを編集する

　ここからの操作は、前述のイベントの状態でもおこなうことができますが、ここではオーディオデータ編集専用のウィンドウ「サンプルエディター」を開いておこないます。

　なぜかというと、サンプルエディターの左側には音量レベルが表示されているので、たとえば「あと3dB大きくしたい」というような場合の目安になり、正確なレベル調整ができるからです。また、「サンプルエディター」は別ウィンドウで開くため、ウィンドウを最大化してオーディオデータを可能な限り拡大表示できるため、微細なノイズを処理するなどの操作に向きます。

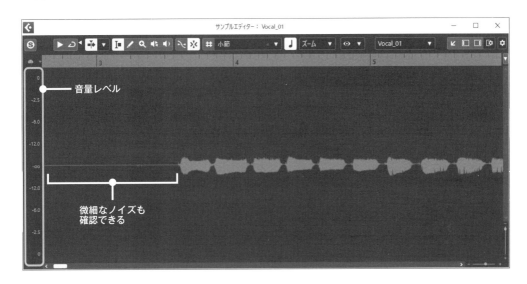

■サンプルエディターを開く

　Chapter 2「サンプルエディターの表示」（64ページ）を参考に、編集処理をおこないたいオーディオイベントをクリックして選択し、「Audio」メニューの「サンプルエディターを開く」をクリックします。

「Audio」メニュー　　　「サンプルエディターを開く」

◼処理対象の選択

処理をおこなう前に、編集したい範囲を選択しておきます。

オーディオデータ全体に処理をおこなう場合

サンプルエディターで何も選択していない状態では、処理はそのオーディオデータ全体にわたっておこなわれるので、何も選択しないままにします。

オーディオデータの一部に処理をおこなう場合

Chapter 2「複数のデータ／イベントの選択」（51 ページ）を参考に、サンプルエディターのツールボックスから範囲選択ツール▣を選択し、ドラッグして範囲を選択します。

ヒント

サンプルエディターでのデータの処理は、範囲が選択されている場合にはその範囲が、何も選択されていないときにはサンプルエディターに表示されている全体がその対象となり、処理がおこなわれます。

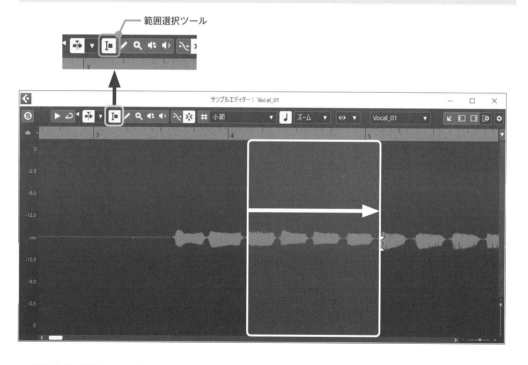

選択された範囲は、少し明るめの色で表示されます。

■「ダイレクトオフラインプロセシング」ウィンドウを開く

これから説明する操作は、すべて「Audio」メニューにある「処理」という項目から選択することもできますが、本書では「ダイレクトオフラインプロセシング」というウィンドウを使った操作方法で解説します。「ダイレクトオフラインプロセシング」ウィンドウでは、「処理」に用意されているすべてのメニューを選択することができるうえ、このウィンドウを開く操作には、あらかじめショートカットキー F7 が割り当てられているので、便利です。

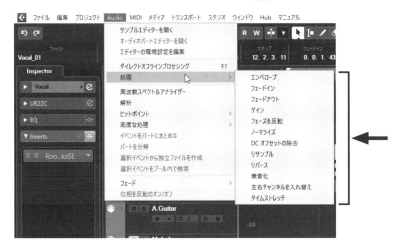

「Audio」メニューから「ダイレクトオフラインプロセシング」をクリックして選択するか、ショートカットキーである F7 キーを押して、「ダイレクトオフラインプロセシング」ウィンドウを開きます。

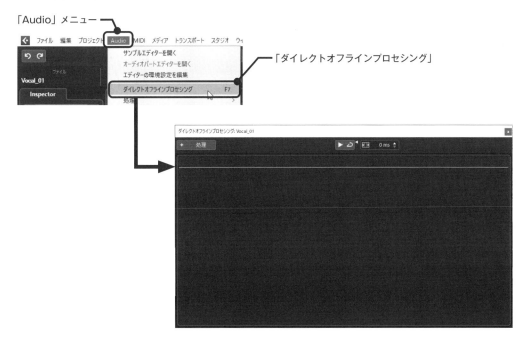

■「ダイレクトオフラインプロセシング」での共通の操作

ダイレクトオフラインプロセシングでは、各処理に共通するパラメーターがあります。

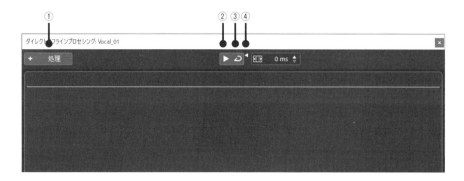

①「＋」または「処理」ボタン

クリックするとメニューが開くので、目的の処理をクリックして選択します。

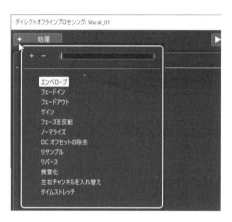

②「試聴」ボタン

クリックするとサンプルエディターで開いているオーディオデータが再生され試聴できます。範囲を選択していないときはオーディオデータ全体が再生され、範囲を選択しているとその範囲が再生されます。再生中はボタンが点灯し、その状態のときボタンをクリックすると再生が停止します。

③「試聴ループ」ボタン

クリックすると点灯し、その状態で「試聴」ボタンをクリックすると、「試聴」ボタンをクリックして消灯させるまで、オーディオデータが繰り返し再生されます。

④「試聴時ボリューム」スライダー

クリックするとスライダーが表示され、上下にドラッグすると試聴時のボリュームを調整できます。上にドラッグすると音量が大きく、下にドラッグすると音量が小さくなります。

■ダイレクトオフラインプロセシングの特徴

　この「ダイレクトオフラインプロセシング」は、Cubase シリーズと同じ Steinberg 社のオーディオポストプロダクションソフトウェアである「Nuendo（ヌエンド）」から継承した、波形編集機能で、これまでの Cubase シリーズや一般的な波形編集ソフトとも異なる特徴をもっています。

特徴その 1　いつでももとに戻せる非破壊編集

　サンプルエディターでの編集処理は、以前は波形を書き換える「破壊編集」でしたが、ダイレクトオフラインプロセシングの登場により、「非破壊編集」となりました。つまり、編集処理をおこなっても、見かけ上の波形は変化しますが、もとの波形は書き換えられていないので、いつでももとに戻すことができます。

　直前におこなった処理をもとに戻すには、次の方法があります。

（1）「元に戻す（アンドゥ）」を実行する

　「編集」メニューから「元に戻す」をクリックします。あるいはショートカットである Ctrl + Z キーを押します。

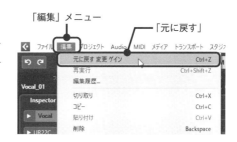

（2）処理を削除する

　元に戻したい処理（ここでは例として「ゲイン」）の左にある「削除」ボタン（ゴミ箱のアイコン）をクリックします。

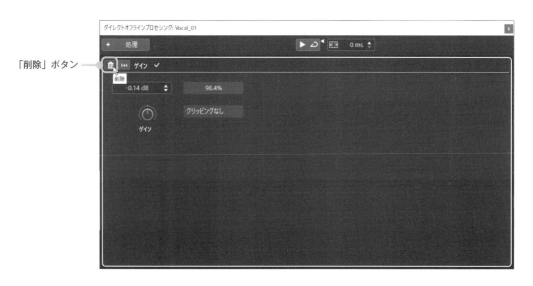

（3）パラメーターをもとに戻す

設定できるパラメーターがある処理では、そのパラメーターをデフォルトの状態に戻すことで、もとの状態に戻せます。

たとえば音量を調整する「ゲイン」の場合、数値を「0.00dB（増減のない状態）」にすることでもとの状態になりますが、波形を反転させる「リバース」ではパラメーターがないので、（1）または（2）の方法でもとに戻します。

特徴その2　処理が連続で実行可能

「ダイレクトオフラインプロセシング」ウィンドウでは、たとえば、ゲインで音量を上げてから、そのまま続けて波形を反転させるリバースをおこなうなど、連続して複数の処理をおこなうことができます。

特徴その3　処理を選択した瞬間に処理が実行される

すばやく処理が実行されるように、メニューから処理を選択した瞬間にオーディオデータへの処理が実行される仕組みになっています。

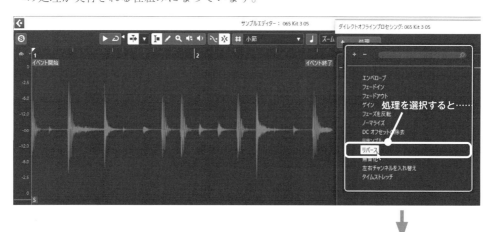

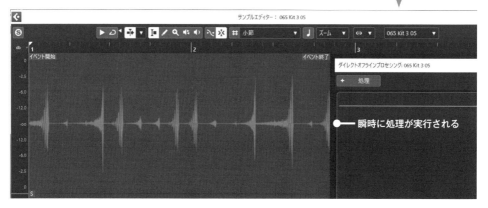

特徴その4　前におこなった処理のパラメーターが記憶されている

　パラメーターを操作すると、その状態が記憶されています。たとえば、あるドラムループのゲインを上げて、他のループにも同じ値だけゲインを上げたい場合でも、直前のパラメーターの設定が有効になったままなので、続けて同じ処理を同じ設定でおこないたい場合も便利です。

特徴その5　デフォルトではプリセットは設定されていない

※プリセットの項目自体がない処理もあります。

　ダイレクトオフラインプロセシングの処理にはプリセットがないので、ユーザーによって保存し呼び出す仕組みになっています。

　ちなみに、プリセットを保存する方法は、「プリセットなし」という部分をクリックして開くメニューから「プリセットの保存」をクリックして開く「プリセット名を保存」というウィンドウで、名前を入力して「OK」をクリックします。

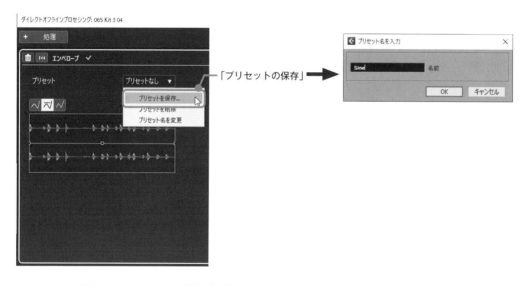

　これで、次回からプリセット欄に保存したプリセット名が表示され、選択できるようになります。

Chapter 8

■各処理の詳細

エンベロープ

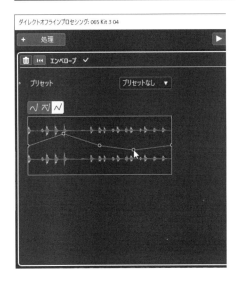

音量の時間的な変化を調整します。フェードイン／アウトや急激に音量を上下させるギミックなどに使います。

【操作】

ラインは音量を表しています。ライン上でクリックすると操作ポイントが追加されます。目的の効果が得られるよう、試聴しながらポイントをドラッグして調整します。

3種類の曲線について

波形右上の3つのアイコンは、ポイントを使ったライン形成で、どのようなラインを描くかを設定します。左から「曲線」、「直線に近い曲線」、「直線」となります。ここでは「直線に近い曲線」を選択した状態で解説しますが、どの曲線にするかは、試聴して自然に聞こえるものを選択します。

フェードイン

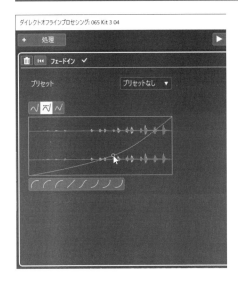

フェードインする（徐々に音が大きくなる）ように波形を編集します。

【操作】

ラインは音量を表しています。ライン上でクリックすると操作ポイントが追加されます。目的の効果が得られるよう、試聴しながらポイントをドラッグして調整します。

どのようにフェードインするかを、下部にあるラインから選択することもできます。

> **ヒント**
>
> **3種類の曲線について**
> エンベロープの項をご覧ください。

フェードアウト

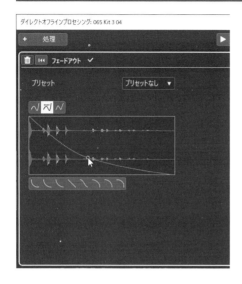

フェードアウトする（徐々に音が小さくなる）ように波形を編集します。

【操作】

ラインは音量を表しています。ライン上でクリックすると操作ポイントが追加されます。目的の効果が得られるよう、試聴しながらポイントをドラッグして調整します。

どのようにフェードアウトするかを、下部にあるラインから選択することもできます。

ヒント

3種類の曲線について
エンベロープの項をご覧ください。

ゲイン

音量を -50 ～ +20dB の範囲で増減させます。

【操作】

ツマミを右に回す（上にドラッグする）、「▲」をクリックする、あるいは数値をダブルクリックして反転させプラスの数値を入力することでゲインを増やします。逆にツマミを左に回す（下にドラッグする）、「▼」をクリックする、あるいは数値をダブルクリックして反転させマイナスの数値を入力することでゲインを減らします。

「％」の表示は、もとのオーディオデータに対しての増減をパーセンテージで表示します。

「試聴」ボタンをクリックすると、信号が 0 dB を超えて歪んでしまった場合は、「クリッピングあり！」というメッセージが表示されるので、数値を設定しなおします。

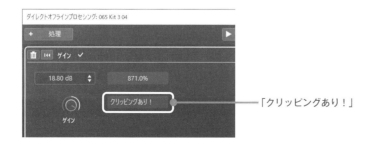

「クリッピングあり！」

フェーズを反転

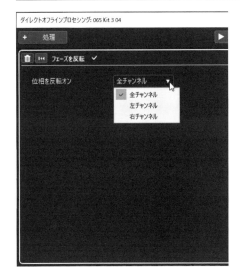

波形の位置（ずれ）を修正します。たとえば、録音現場などで、スネアドラムを上側と下側からそれぞれのマイクで録音すると、距離の違いからフェーズ（位相）がずれて2つの音をミックスすると音が引っ込んでしまうことがあります。そういう場合にフェーズ（位相）を反転させるとうまくいくことがあります。

【操作】

ステレオファイルで操作する場合には、メニューで選択した瞬間にそのときに「位相反転の対象」欄で選択しているチャンネルに対して処理が実行されます。

「位相反転オン」欄では、左右のチャンネルを一度に処理するのか、それぞれ個別に処理するのかを選択できます。

モノラルファイルでは「位相反転オン」欄は表示されず、メニューをクリックした瞬間に処理が実行されます。

ノーマライズ

設定したレベルを超えない範囲で、音量を上げます。前述の「ゲイン」では、音が歪むレベルである「0dB」を超えさせることができましたが、ノーマライズでは「最大レベル」が「0dB」に設定されているため、歪まない範囲で最大限音量レベルを上げることができます。

【操作】

ノーマライズのツマミで最大の音量レベルを設定します。通常は「0dB」に設定します。

DC オフセットの除去

音に直流（DC）成分が加わると、ノイズが発生することがあります。これを除去します。

【操作】

設定するパラメーターはなく、メニューで「DCオフセットの除去」を選択すると、ただちに処理が実行されます。

リサンプル

オーディオデータのサンプリングレートを変更（リサンプル）します。たとえば、サンプリングレートを下げると、音質が悪くなりますが、独特の質感が得られます。ただし、サンプリングレートを変更するとファイルのピッチや長さが変わるので注意が必要です。

ヒント

201ページ「オーディオデータのテンポを変更する」でおこなった「ミュージカルモード」が有効になっているとリサンプル処理はおこなわれず、パラメーターも表示されず操作のできない状態になります。サンプルエディター上部にある「ミュージカルモード」をオフに（消灯）すればリサンプル処理ができるようになりますが、オーディオデータのテンポが変更できなくなります。

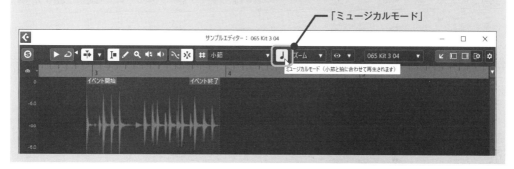

【操作】

「新しいサンプリングレート」欄では、「ファイルのサンプリングレート」に対して、リサンプルする周波数を設定します。「▲」「▼」をクリック、あるいは数値をダブルクリックして反転させ数値を入力します。

「差異」欄では、パーセンテージでリサンプルする値を設定します。たとえば44100.00Hz（44.1kHz）のファイルを半分にする場合には「–50（.000）%」と設定します。「新しいサンプリングレート」欄とリンクしているので、どちらかを設定すれば自動的にもう一方にも反映されます。

リバース

　選択した範囲の波形を逆転させます。逆転して生成されたサウンドは、一般に「逆回転サウンド」と呼ばれます。

【操作】

　設定するパラメーターはなく、メニューで「リバース」を選択すると、ただちに処理がはじまります。

処理前

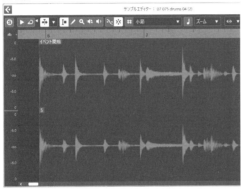

処理後

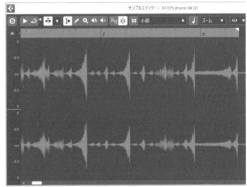

無音化

　オーディオデータを無音化します。オーディオデータ全体をすべて無音化するということは通常ないので、無音化したい範囲を選択して無音化します。ノイズを手動で削除するようなときに有効です。

【操作】

　設定するパラメーターはなく、メニューで「無音化」を選択すると、ただちに処理が実行されます。

処理前

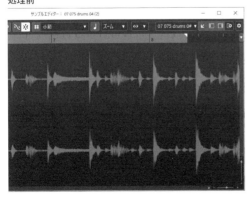

処理後

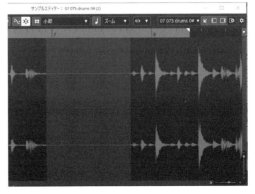

左右チャンネルを入れ替え

　ステレオファイルの左右のチャンネルを入れ替えます。ステレオファイルにのみ有効です。

【操作】

　この処理はパラメーターを操作するのではなく、モードを選択します。

「左右チャンネルを入れ替え」＝左右のデータを入れ替えます。

「左チャンネルのみ（モノミックス）」＝左チャンネルのデータを右チャンネルにコピーして、モノラルにします。

「右チャンネルのみ（モノミックス）」＝右チャンネルのデータを左チャンネルにコピーして、モノラルにします。

「マージ」＝左右のチャンネルをミックスしてモノラルにします。

「引く（−）」＝ステレオファイルのセンター位置にあるモノラルの音を除去します。簡易的なカラオケミックス（ボーカル音を削除する）作成に使われます。

タイムストレッチ

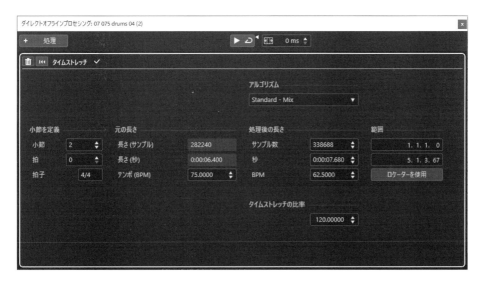

　音の高さを変えずに、オーディオの長さやテンポを変更できます。ただし、現バージョンでは 201 ページ**「オーディオデータのテンポを変更する」**で解説した「ミュージカルモード」をオンにするだけで、波形を書き換えずに簡単にタイムストレッチが可能なので、そちらを利用することとお勧めします。

【操作】

「小節を定義」＝選択したオーディオデータの範囲を、「小節」「拍」「拍子」で定義します。

「元の長さ」＝選択したオーディオデータの範囲を、「長さ（サンプル）」「長さ（秒）」「テンポ（BPM）」で定義します。

「処理後の長さ」＝処理をおこなった際の、「サンプル数」「秒」「BPM（テンポ）」を表示します。

「範囲」＝タイムストレッチをおこなう範囲を秒で指定します。左右のロケーターでも指定できます。

「タイムストレッチの比率」＝タイムストレッチの増減をパーセンテージで指定します。フェーダーを右方向（伸張側）へドラッグするとテンポが遅くなり、左方向（圧縮側）にドラッグすると速くなります。

「アルゴリズム」＝タイムストレッチに使用するアルゴリズムを選択します。楽器に適したアルゴリズムを選択するといい結果が得られます。

ミックスで
カッコいいサウンドに仕上げる
〜ミックスから書き出しまで

ここまで伴奏を作り、メロディを MIDI 入力やオーディオ録音で入力し、なんとか1曲としてまとまりました。ここからは仕上げの「ミックス」という作業になります。さらに、CD に焼いたり、パソコンの再生ソフトなどで再生したりできるファイルへの書き出しもおこないます。

ここでは、MIDI データで作成した「Melody」トラックと、オーディオデータで作成した「Vocal」トラックが混在した、次のようなプロジェクトを例に説明しています。

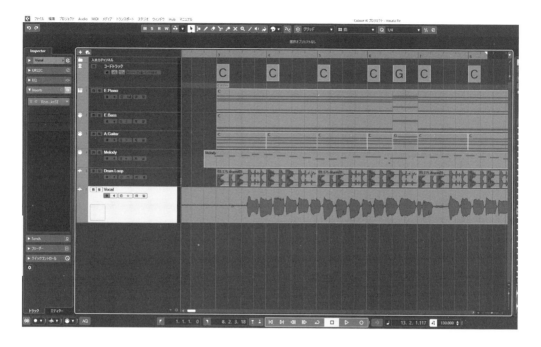

- 「Vocal」トラックと「Melody」トラックでの操作はほぼ同じなので、使用するプロジェクトの状況に応じて、どちらかのトラックで操作をおこなってください。
- 「Vocal」トラックだけでミックスする場合、「Melody」トラックを例に説明されているシンセサイザーでの操作は必要ありません。
- ギターの音を録音したオーディオトラックでメロディ・パートを作成しているプロジェクトをミックスする場合は、「Vocal」トラックの部分を「Guitar」トラックと読み替えて作業してください。

ミキサーを理解する

いうまでもなく、ミックスの作業はミキサーウィンドウでの操作が中心となります。

■ミキサーを開く

「スタジオ」メニューの「MixConsole」をクリックする、あるいはショートカットの F3 キーを押してミキサーを表示します。

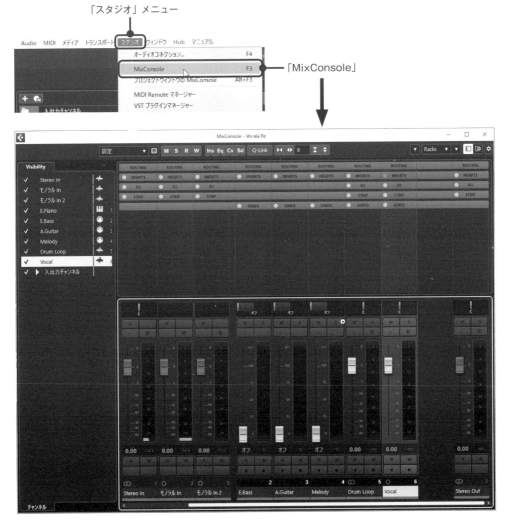

「スタジオ」メニュー

「MixConsole」

■トラックとチャンネル

　このミキサーでは、これまで作成してきたデータが入力されている各トラックから集まってくる信号を「チャンネル」で調整します。

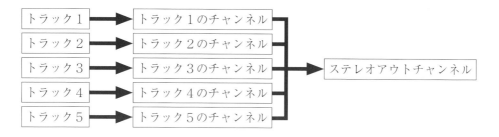

　ここでのミックスの作業とは、

1　エフェクトを使って音質を調整する
2　音量／パンのバランスを取る
3　オーディオファイルに書き出す

までの工程となります。
　上記3つの工程で気をつけなければならないのが

「ステレオアウトチャンネルでの音量が0dB を超えてはならない」

ということです。

　音量が0dB を超えるということは、デジタル信号では確実に「歪み、ノイズ」につながります。アナログ信号の場合には、少々超えてしまっても、それどころか0dB を超えたときに独特の温かみが発生することもあるので、むしろ奨励されることもありますが、デジタルでは絶対に許されません。歪み、ノイズにより再生機器の状態に影響を及ぼすことがあります。よって、Cubase シリーズをはじめとする音楽制作ソフトでは、マスタートラックで0dB を超えると警告のランプがつきます。作業中にこのランプが点灯したら、この部分をクリックして消灯させ、レベルオーバーの原因を解消する必要があります。

警告のランプが点灯する

■音量オーバーの安全策としてリミッターをアサインする

「0 dB を超えてはいけない」というものの、それを怖がっていては思い切ったミックスができません。そこでここでは、「リミッター」という音を押さえ込むエフェクトをマスタートラックにかけて、0 dB を超えず、かつ大胆なミックスを実践してみましょう。

ステレオアウトチャンネルのインサートにリミッターをアサインする

リミッターは、ミキサーの右端にある「Stereo Out」というチャンネルにかけます。

手順

1 ミキサーの右上、ステレオアウトチャンネルの「INSERTS」（①）をクリックしてスロットを表示させます。

2 スロットにカーソルを近づけると、「Insert を選択」という▼ボタン（②）が表示されるのでクリックします。

3 メニューが開くので、「Dynamics」（③）から「Limiter」をクリックします（④）。

ヒント

LE には「Limiter」は付属していません。次ページ「LE をお使いの場合は」の項を参照してください。

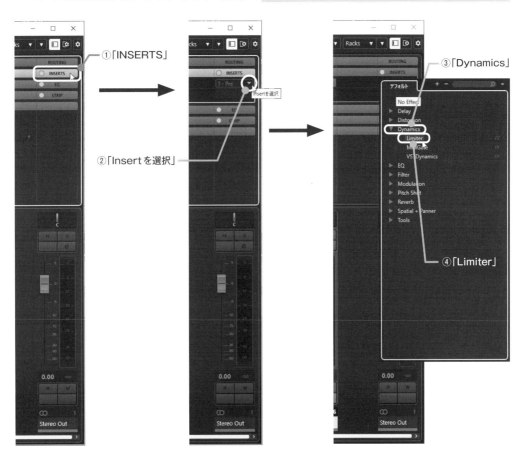

Limiter が開きます。

Limiter はコンプレッサーの一種で、音を圧縮することによって音質を変更することもできますが、ここでは「音量をひたすら押さえ込む」役割で使っています。デフォルトの「OUTPUT」が「0.0dB」の状態で使います。これで、多少トラックの音が大きくなっても0dBを超えることはまずありません。

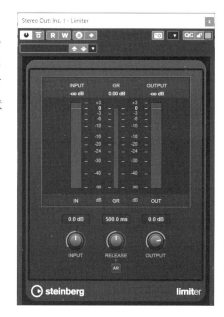

ヒント

とても立ち上がりが速くあまりにも大きな音量の
音が瞬間的に入ってきた場合には、この限りでは
ありません。

LE をお使いの場合は

LE には上記「Limiter」が付属していません。まったく同じ効果にはなりませんが、別のエフェクトで代替えする方法があります。

手順

1 上記手順の1、2を実行します。

2 メニューが開くので、「Dynamics」（①）から「VSTDynamics」（②）をクリックします。

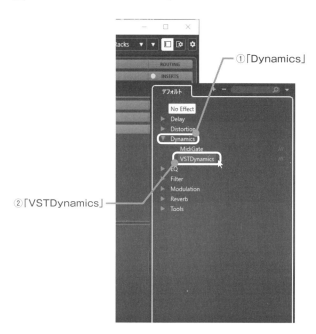

①「Dynamics」

②「VSTDynamics」

VSTDynamics が開きます。

VSTDynamics は、コンプレッサーというエフェクトで、Limiter のように「確実に 0 dB を超えさせない」という目的ではなく、「音を圧縮することによって音質を変化させる」という目的で多く使われますが、設定次第で Limiter に近い効果が得られます。ただし確実ではないので、音量には十分注意を払ってください。

「プリセット」欄をクリックして、メニューから「Bad Rock Overheads」をダブルクリックして選択します。
このプリセットを使うと、リミッターと同じような効果が得られます。

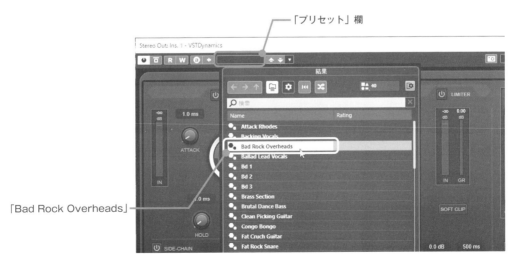

ミックスの準備

■パラアウトさせる

このままエフェクトをかけたり音量を調節したりする操作に移ってもいいのですが、本Chapterで使用するプロジェクトでは、VSTインストゥルメントのHALion Sonic SEを3トラックで使用しています。

このように1つのインストゥルメントを複数のトラックで使用している場合には、ミックスの前に出力を個別に分けておきます。これを「パラアウト（させる）」といいます。

> **ヒント**
>
> これまで3つのトラックの音はHALion Sonic SEからまとめて出力されていましたが、パラアウトさせることにより、各トラックが独立して出力されるので、音量やパン、エフェクトをCubaseのミキサーでそれぞれ調整できるようになります。

HALion Sonic SE の各パートの出力を変更する

次に、パラアウトするために有効にした出力に、各トラックをアサインします。

手順

1 これまでの操作で、HALion Sonic SE が隠れてしまっているときは、トラックリストからインストゥルメントトラック、またはMIDIトラックのいずれかを選択し、左ゾーンにある「インストゥルメントを編集」ボタン（①）をクリックして再表示します。

①「インストゥルメントを編集」ボタン

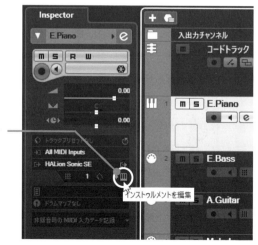

2 「Mix」ボタン（②）をクリック
して、HALion Sonic SE 本体の
ミキサーを表示します。

3 各パートの「Output」欄の「▼」
をクリックして（③）、メニュー
（④）から出力先を選択します。

②「Mix」ボタン

ここでは次のように設定します。

「E.Piano」 =「Main」（デフォルトのまま）
「Slap Bass 1」 =「Out 2」
「Steel Guitar」 =「Out 3」
「All the Lovers」 =「Out 4」（ボーカルのみの場合なし）

■ミキサーの準備

ショートカットの F3 キーを押してミキサーを再び表示すると、「E.Piano」の右に先ほど増やした出力が Slot 2 ~ 4 として追加されていることが確認できます。これで、HALion Sonic SE のパラアウトの出力がミキサーにアサインされたので、これらのチャンネルを使ってミックスをおこないます。

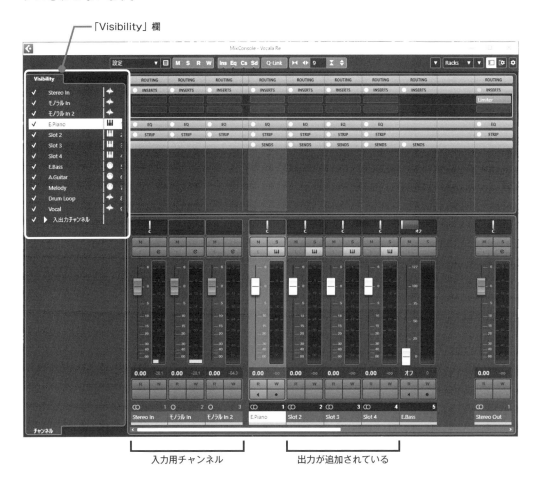

「Visibility」欄

入力用チャンネル　　　　　　　出力が追加されている

ミックス操作に不必要なチャンネルを非表示にする

ミックスの際、使わないチャンネルが表示されていると誤操作の原因になるので、非表示にしておきましょう。

ミキサー左側の「Visibility」欄（上図参照）で操作します。

入力用チャンネル

すでに入力や録音は終わっているので、入力用チャンネル（上図参照）は使いません。ミキサー左の「Visibility」欄で、「Stereo In」「モノラル In」「モノラル In 2」などの入力用チャ

ンネル左側のチェックマークをクリックしてはずし、非表示にします。

チェックをはずす

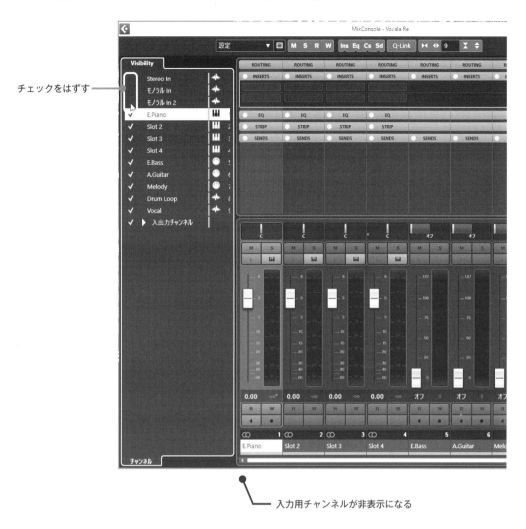

入力用チャンネルが非表示になる

MIDI チャンネル

「E.Baas」、「A.Guitar」、「Melody」（ボーカルのみの場合なし）など、パラアウトにした HALion Sonic SE の各パートは追加した出力チャンネルにアサインされているので不要です。こちらも「Visibility」の欄をクリックしてチェックをはずし、非表示にします。

チェックをはずす

チャンネルの名前を修正する

　操作しやすいようにチャンネルの名前をアサインされているトラック名と同じにします。

　表示されているチャンネル名をダブルクリックして反転し、名前を入力し、 Enter キーで確定します。すでに入力されている「E.Piano」はそのままで、トラック名と一致させるよう、「Slot」の2～4を「E.Bass」、「A.Guitar」、「Melody」（ボーカルのみの場合なし）に修正しておきましょう。

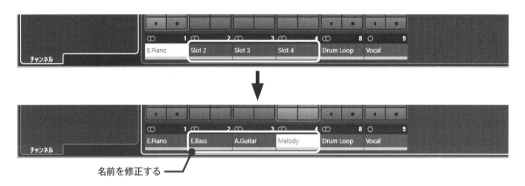

名前を修正する

エフェクトをバイパス（効果がかからない状態）にする

ボーカルの場合

　録音するときにかけていたリバーブは、あとから別の方法でかけなおすのでバイパス（効果がかからない状態）にします。

　「Vocal」チャンネルの「INSERTS」欄で、「Room...SE（RoomWorks SE）」にカーソルを合わせると左端に表示されるバイパススイッチをクリックして、バイパス（効果がかからない状態）にします。

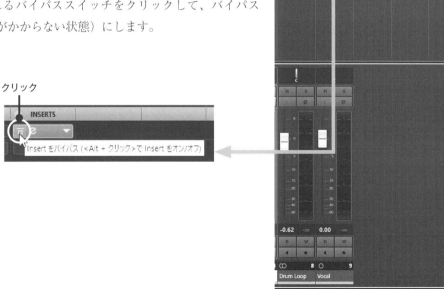

クリック

Melody の場合

本書で「Melody」トラックにアサインしたシンセリードには、デフォルトでインサートに
リバーブがかかっています。HALion Sonic SE 右上にある「Switch off All Insert Effects」ボ
タンをクリックして赤く点灯させ、エフェクトをオフにします。

「Switch off All Insert Effects」ボタン ⏤

ミックスの実践その1・パン

　まずは、音がステレオスピーカーのどの辺りから聞こえてくるかを調整する「パン（パンポット）」を設定します。

　パンはミキサーのデフォルトで「C」と表示されている部分で操作します。この「C」とは「Center」、つまりセンターということで、デフォルトでは全チャンネルがセンターに位置していることになります。

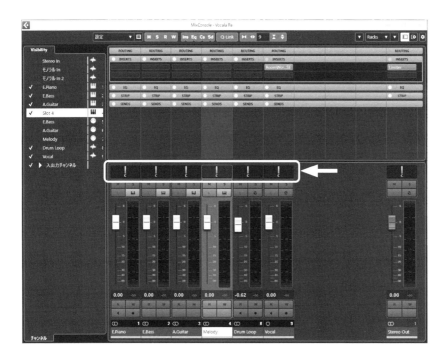

■パンの基本的な考え方

低音楽器、リズムの中心（ドラム全体）となるパート⇨センター
中心となる（メロディを奏でる）パート⇨センター
同じ周波数帯の複数の楽器のパート⇨左右に振る

この考え方をこの Chapter で使用しているプロジェクトに当てはめると、

Drum Loop ＝ドラム全体⇨センター
E.Bass ＝低音楽器⇨センター
ボーカル、Melody ＝中心となるパート⇨センター
A.Guitar、E.Piano ＝同じ周波数帯の複数の楽器のパート⇨左右に振る

ということになります。つまり、「E.Piano」と「A.Guitar」を左右に振ればいい、というこ
とになります。

パンの割合は、「L（左）100」から「R（右）100」までの値で設定できます。パンコント
ロール（縦の棒）を左右にドラッグするか、ダブルクリックして数値を入力して設定します。

ヒント	ヒント
「0」に設定すると「C（中央）」になります。	単純にドラッグするだけでは、数値が大幅に変化してしまいます。Shiftキーを押しながらドラッグすると小刻みに数値を変更できます。

■パンの操作

ここでは「E.Piano」を「L50」に、
「A.Guitar」を「R50」に設定して
みましょう。

「E.Piano」を「L50」に ━━━━   「A.Guitar」を「R50」に

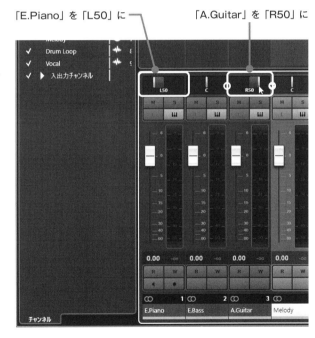

これで再生してみると、E.Piano、A.Guitar が左右から聞こえ、広がりが出てきたのがわか
るはずです。

ミックスの実践その2・ボリューム

次は各パートのボリュームを調整します。ボリュームは、ミキサーの各チャンネルのフェーダーで操作します。

ここでは、「Vocal」チャンネルと「Melody」チャンネルを同時に表示して、「Vocal」チャンネルを例に説明しています。「Melody」チャンネルの場合は、読み替えて操作してください。

フェーダー

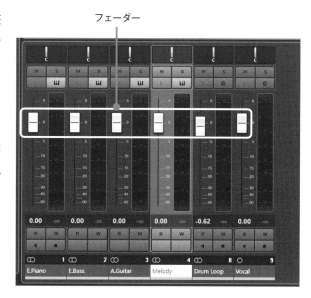

■ボリュームの操作

手順

1 まず、すべてのフェーダーを一番下までドラッグして、音が何も出ない状態にします。

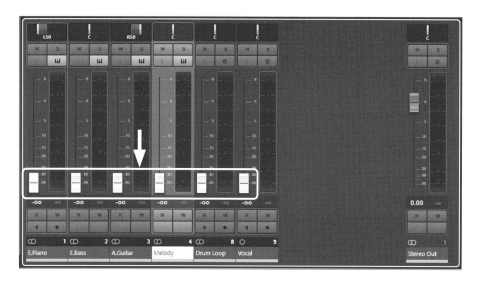

2 曲を再生させながら、Drum Loop のフェーダーを上げていき、Stereo Out のメーターが
60 ～ 70%くらいまで上がるようにフェーダーを調整します。

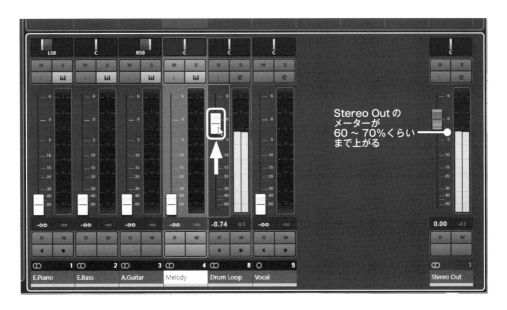

3 次に E.Bass のフェーダーを上げていき、Stereo Out のメーターが 70 ～ 80%くらいまで
上がるようにフェーダーを調整します。音の目安としては、ドラムのキックの音と同じ
くらいになるようにします。

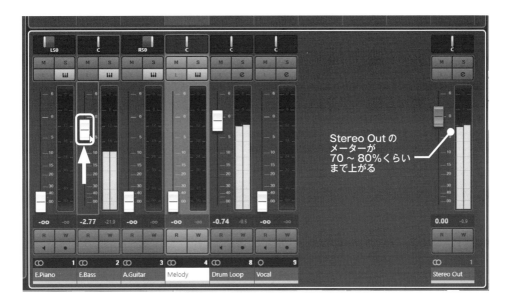

4 E.Piano、A.Guitar の両方のフェーダーを上げていきます。音のエネルギーがあまりないので Stereo Out のメーターの位置は大きくは変わりませんが、しっかりと両方のパートが聞こえる位置までフェーダーを上げます。

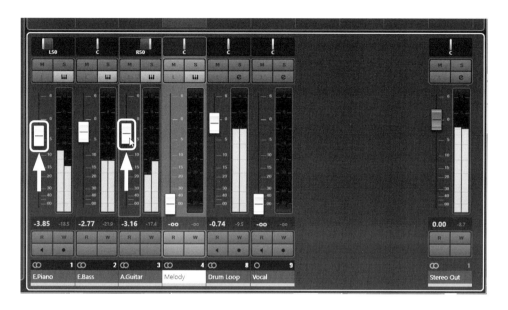

5 Vocal（また Melody）のフェーダーを上げていきます。Stereo Out のメーターが90%くらいまで上がるようにフェーダーを調整します。しっかりと声やメロディが聞こえるような位置までもっていきましょう。

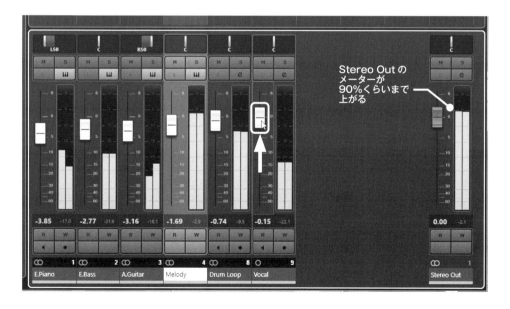

ミックスの実践その3・エフェクト

エフェクトを使って、各トラックの音質を補正していきます。

■EQ（イコライザー）

イコライザーはデフォルトで各チャンネルに装備されています。ここでは「A.Guitar」のチャンネルを例に解説します。EQ を使用して A.Guitar の音を少しキラッとさせます。

EQ（イコライザー）を開く

手 順

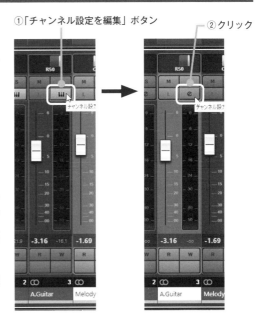

①「チャンネル設定を編集」ボタン

②クリック

1 「A.Guitar」チャンネルにある鍵盤のアイコン（チャンネル設定を編集）（①）ボタンを一度クリックすると「e」ボタンになるのでさらにもう一度クリックします（②）。

「チャンネル設定」ウィンドウが表示され、中央にEQが表示されます（次ページ図参照）。

グラフでは左が低い周波数、右に行くほど高い周波数になります。グラフ下では「LO」（②、低域）、「LMF」（③、低中域）、HMF（④、高中域）、HI（⑤、高域）の合計4つの周波数帯（バンド）の調整がおこなえます。

ヒント

オーディオトラックでは、「チャンネル設定」ウィンドウはトラックの「e」ボタンをクリックして表示させることもできます。

ヒント

表示が「チャンネルストリップ」になっているときには「EQ」タブをクリックしてEQウィンドウにします。

Chapter 9

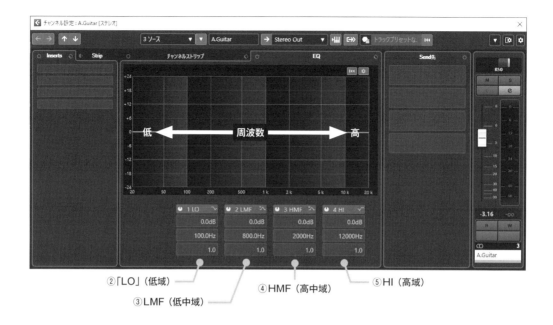

②「LO」（低域）
③LMF（低中域）
④HMF（高中域）
⑤HI（高域）

Cubase 内蔵のイコライザーでは、4 つの周波数帯ごとに、イコライザーのかかり方がそれぞれ異なります。

デフォルトでは、「LO」と「HI」は「シェルビングタイプ」に設定され、設定した周波数ポイントよりも上（または下）の周波数を一定の割合でブースト（強める）／カット（弱める）します（下図左）。対して「LMF」と「HMF」は「パラメトリック※タイプ」といい、設定した周波数ポイント中心にブースト／カットします。

「LO」と「HI」は、パラメトリックなど他のタイプに変更することができますが、「LMF」と「HMF」はパラメトリックタイプのみ用意されています。

※このようなタイプを「ピーキング」ということもあります。

LO、HI をそれぞれ 10dB ブーストしたところ　　　　LMF、HMF をそれぞれ 10dB ブーストしたところ

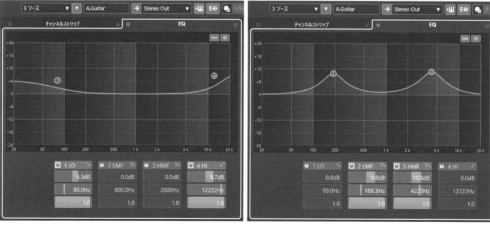

EQ（イコライザー）での調整

ここでの EQ 操作の目的である「A.Guitar」の音をキラッとさせるには、高い周波数全体をブーストします。EQ の中の一番右、「HI」というバンドを使うと、設定した周波数より高い周波数をブースト／カットできます。

手順

1 一番右、「HI」の左上にある「バンドをオン／オフ」ボタン（①）をクリックしてオンにすると、ウィンドウ中央のグラフの右端に「4」というポイントが表示されます（②）。

ヒント

このポイントを上にドラッグすると、その周波数の帯域をブースト（強める）して、下にドラッグするとその周波数の帯域をカット（弱める）します。

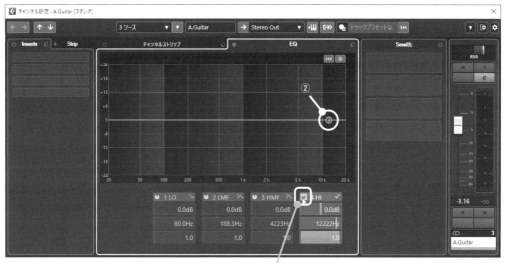

①「バンドをオン／オフ」ボタン

2 曲を再生させながら「4」と表示されたポイントをドラッグして、A.Guitar の音が前に出てくるポイントを探します。

ポイントを左右にドラッグしながら、キラッとしてくる周波数を探していきます。周波数の設定ポイントは「HI」欄に Hz（ヘルツ）単位で表示されます（次ページ図③）。

ヒント

左にドラッグするとより低い周波数が、右にドラッグするとより高い周波数がブースト／カットされます。

さらに上下にドラッグして、ブースト／カットする量を調整します。
ここでは、3000Hz 付近を 10dB ほどブーストすると、いい結果が得られました。

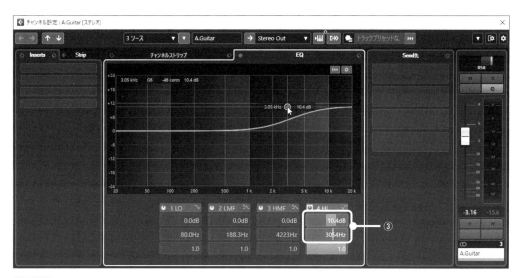

A.Guitar の音だけを聞いて調整したいときは、EQ と同じ
「チャンネル設定」ウィンドウの右端にあるフェーダー上
部の「S」ボタン（④）をクリックします。調整が終わっ
たらまたクリックして解除します。

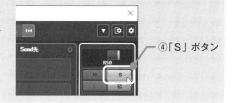

④「S」ボタン

楽器別の EQ プリセットを試す

　EQ には、楽器にあわせたプリセットが用意されているので試してみましょう。ここでは
ドラム・パートにプリセットを設定します。

　前項手順1を参考に、「Drum Loop」チャンネルの「チャンネル設定」ウィンドウを開い
ておきます。

①「プリセットの管理」マーク　　　　　②「プリセットの読み込み」

手順

1 「EQ」タブの右端の「プ
リセットの管理」マーク
（①）をクリックするとメ
ニューが表示されるので、
「プリセットの読み込み」
（②）をクリックします。

2 プリセットリストが開き
ます。

「Sub Category」で「Drumset」（③）を選択すると、「結果」にドラム用のプリセットが表示されるので、ここでは「Rock Drums」（④）をダブルクリックします。

③「Drumset」　　④「Rock Drums」

⑤「ウィンドウレイアウトの設定」

ヒント

フィルターが表示されていないときは、プリセット画面右上にある「ウィンドウレイアウトの設定」（上図⑤）をクリックして「フィルター」にチェックを入れます。

EQのプリセットが読み込まれ、再生すると音質が少しワイルドな感じになっているのがわかります。

ヒント

EQのバイパスボタン（⑥）をクリックして、EQがかかった状態とバイパスした状態を聞き比べてみましょう。

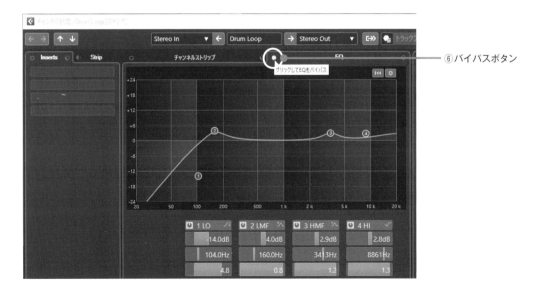

⑥バイパスボタン

他のトラックのチャンネルにもEQをかけて、より良いサウンドを目指しましょう。

■リバーブ

ボーカル録音の際にも、インサートにリバーブをかけましたが、ミックスの際には「セン
ド – リターン」という方式でリバーブをかけます。各トラックからセンドを使ってリバーブ
に送る量が多くなるほどリバーブ成分が増える、というかけかたです。

エフェクト専用のチャンネルを読み込む

リバーブは、各チャンネルのインサートではなく、エフェクト専用のチャンネルのインサー
トに読み込みます。

手順

1 ミキサーの空いているところで右クリックして「エフェクトトラックを追加」（①）をク
リックします。

①「エフェクトトラックを追加」

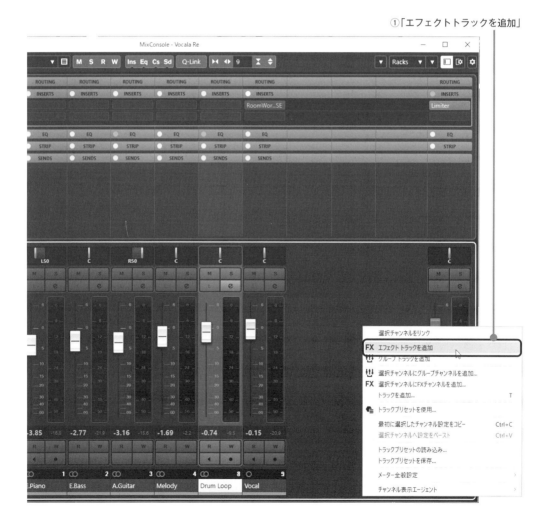

240

2 「トラックを追加」ウィンドウが開きます。

「エフェクト」欄（②）をクリックして「Reverb」（③）→「RoomWorks SE」（④）をクリックして選択します。

「構成」欄をクリックして「ステレオ」（⑤）を選択し、「トラックを追加」（⑥）をクリックします。

ヒント

リバーブは広がりを与えるエフェクトなので、その効果をわかりやすくするため、通常はステレオで使います。

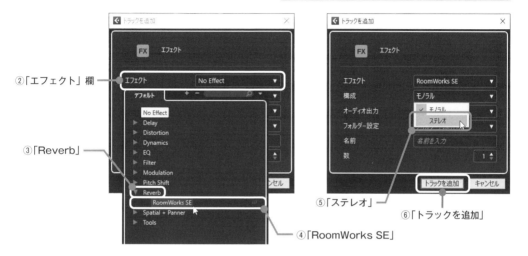

②「エフェクト」欄

③「Reverb」

④「RoomWorks SE」

⑤「ステレオ」

⑥「トラックを追加」

3 ミキサーにFXチャンネル（⑦）が追加され、RoomWorks SEも表示されます。

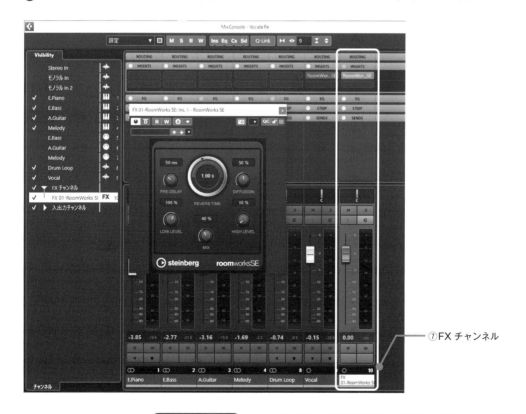

⑦FXチャンネル

Chapter 9

4 「センド－リターン」方式では、トラックの音に、エフェクトトラックで生成したリバーブ音を足すため、エフェクトトラックはリバーブの音のみ出力し、トラックのもとの音が出力しないようにする必要があります。

このバランスは、RoomWorks SE の「Mix」ツマミ（⑧）で調整します。左いっぱいの「0」ではトラックからだけの音になり、右いっぱいの「100」にするとリバーブ音だけになります。よってここでは右いっぱいに設定します。

⑧「Mix」ツマミ

ヒント

トラックからの音を「Dry（ドライ）音」、リバーブなどエフェクトの音を「Wet（ウェット）音」と表すことがあります。

センドの操作

では、「Vocal」チャンネルから作成した FX チャンネルに音を送って、リバーブをかけてみましょう。「Melody」トラックを使っている場合には、「Vocal」チャンネルを「Melody」に読み替えて操作してください。

手順

1 ミキサーの「Vocal」チャンネルで「SENDS」（①）をクリックして、スロットを表示します。

2 スロット右にある「▼」をクリックします（②）。

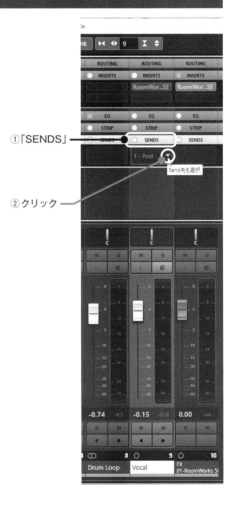

①「SENDS」

②クリック

3 メニューが開くので、「FX-RoomWorks SE」（③）をクリックして選択します。

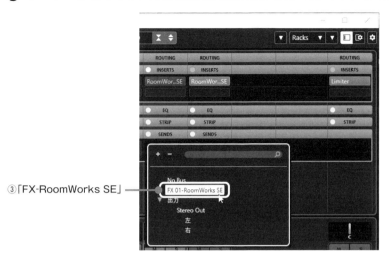

③「FX-RoomWorks SE」

4 「Vocal」チャンネルの「SENDS」欄で、「Send をオン／オフ」ボタン（④）をクリックしてオンにします。

5 オンにすると「Send をオン／オフ」ボタンのすぐ下に「0.00」と表示されます（⑤）が、これは「かなり送っている」状態、つまりリバーブがたくさんかかっている状態です。スライダーを左にドラッグして、センド量を調整します。ここでは「-10.4」にしました。

> **ヒント**
> パンでの操作同様、**Shift** キーを押しながらドラッグすると小刻みに調整できます。

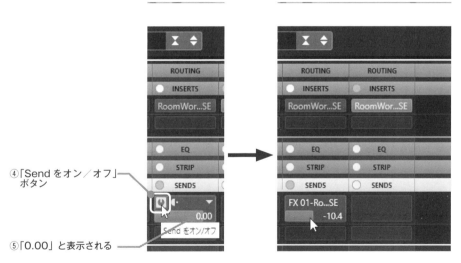

④「Send をオン／オフ」ボタン

⑤「0.00」と表示される

同様に、他のトラックのセンドからも FX チャンネルに音を送ってリバーブをかけて、より良いサウンドを目指しましょう。

> **ヒント**
> ベースやドラムのキックにリバーブがかかるとサウンドが汚くなる傾向があるので、ボーカルやギターソロなどだけにとどめておくのが無難です。

ミックスの実践その４・仕上げ

　ボリュームの項でだいたいのバランスを決めましたが、EQ やリバーブをかけた結果、バランスが変わってくることがあります。再生しながら、再度、ミキサーのフェーダーでバランスを調整します。

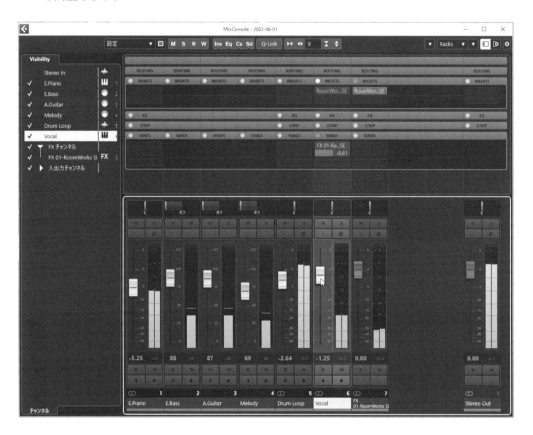

書き出し

それでは、最後の工程であるファイルへの「書き出し」作業に入ります。ここでは、オーディオCDなどに書き込める「Waveファイル」への書き出しをおこないます。他のウィンドウは閉じて、プロジェクトゾーンが表示されるようにしておきましょう。

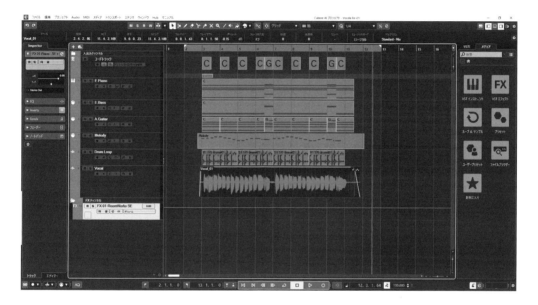

■書き出し範囲の設定

まずは、書き出す範囲を設定します。

ここで作成した曲は3小節目から10小節目までですが、本書の例題曲のように、曲の先頭から生の演奏や歌などを録音している場合、先頭の3小節目より微妙に早く（前から）音が録音されている場合があります。また曲の終わりは、楽器などの音の余韻やリバーブ成分の余韻などもあります。曲のはじまりや終わりの部分が不自然にならないよう、書き出す範囲の前後に余裕をもたせ、開始を1小節前の2小節目（2.1.1.0）に、終了を2小節あとの12小節目の終わり（＝13小節目のはじまり＝「13.1.1.0」）に設定します。

ヒント

> 曲の先頭に生の演奏や歌を録音した音がない場合、たとえば付属のループファイルや、入力したMIDI／インストゥルメントだけで構成されている曲なら、書き出す範囲の開始点を曲の先頭に設定してもだいじょうぶです。

Chapter 2「**サイクル再生**」（69 ページ）での左右ロケーターの設定を参考に、範囲を
トランスポートパネルにある「左ロケーター位置」と「右ロケーター位置」で設定します。

「左ロケーター位置」　　　　　　「右ロケーター位置」

■Wave ファイルに書き出す

ここではデスクトップに「Song1」という
ファイル名で、CD フォーマットであるステ
レオの Wave ファイルで書き出します。

①「ファイル」メニュー
②「書き出し」

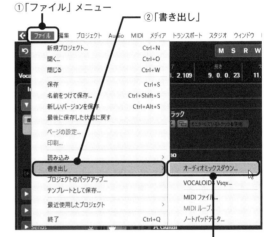

手 順

1 「ファイル」メニュー（①）の「書き出し」
（②）から「オーディオミックスダウン」
（③）をクリックします。

「オーディオミックスダウン書き出し」
ウィンドウが開きます。

③「オーディオミックスダウン」

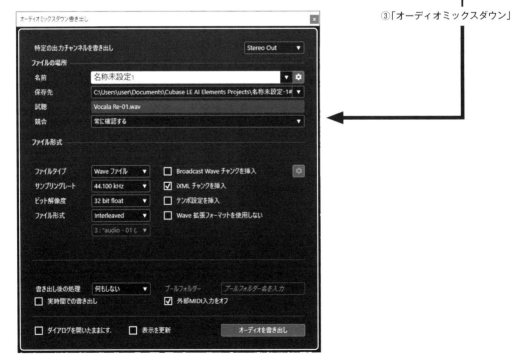

2 「名前」

「名前」欄（④）をダブルクリックして、ファイル名（ここでは「Song 1」）を入力します。

3 「保存先」

「保存先」欄（⑤）をクリックしてメニューから「選択」（⑥）をクリックすると、「ファイル名と場所を選択」ウィンドウが表示されます。

保存場所（ここでは「デスクトップ」〔⑦〕）を選択して、「保存」（⑧）をクリックして「ファイル名と場所を選択」ウィンドウを閉じます。

ヒント

「保存」をクリックしても、この時点ではまだ書き出しははじまりません。

④「名前」欄

⑤「保存先」欄

⑥「選択」

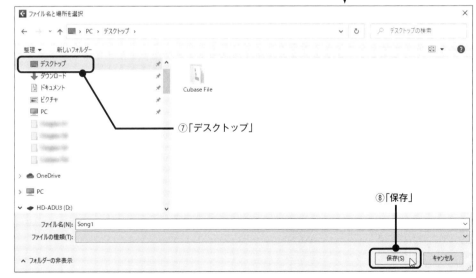

⑦「デスクトップ」

⑧「保存」

4 「ファイル形式」

書き出すオーディオのファイル形式を選択します。

「ファイルタイプ」(⑩)

ここではデフォルトの「Wave ファイル」のままに
しますが、項目をクリックするとメニューが開き、
目的によってファイル形式を選択することができま
す。

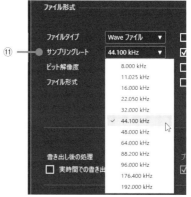

「サンプリングレート」(⑪)

ここで書き出すのはオーディオ CD のフォーマット
なので、「サンプリングレート」は「44.100kHz」です。
項目をクリックするとメニューが開くので、目的に
よってメニューから選択します。

「ビット解像度」(⑫)

ここで書き出すのはオーディオ CD のフォーマット
なので「16 bit」にします。項目をクリックすると
メニューが開くので、目的によってメニューから選
択します。

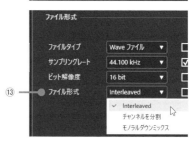

「ファイル形式」(⑬)

ファイルをモノラル、ステレオなどで書き出す項目
です。ここでは「Interleved」、これが通常のステレ
オファイルになります。

あとはデフォルトのままです。

5 すべての設定が終了したら「オーディオの書き出しを実行」をクリックします。
「オーディオミックスダウン書き出し」ウィンドウが開き、進捗状態が表示されます。
書き出しが終了すると「オーディオミックスダウン書き出し」ウィンドウが閉じます。

　デスクトップに「Song1」のファイルが書き出されているのを確認し
ます。

■Cubase のプロジェクト内に読み込む

書き出したファイルを Cubase 内に読み込んで、どのような状態になっているか確認してみましょう。外部からオーディオファイルを読み込む際も、同様の手順で操作できます。

手順

1 新規プロジェクトを作成し、「ファイル」メニュー（①）の「読み込み」（②）から「オーディオファイル」（③）をクリックします。

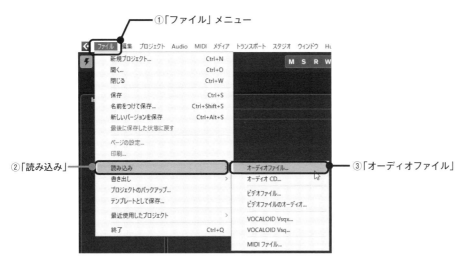

2 「オーディオの読み込み」ウィンドウが開きます。読み込みたいファイルを保存した場所（ここでは「デスクトップ」）を開いて読み込みたいファイル（ここでは「Song 1」）をクリックして選択し（④）、「開く」（⑤）をクリックします。

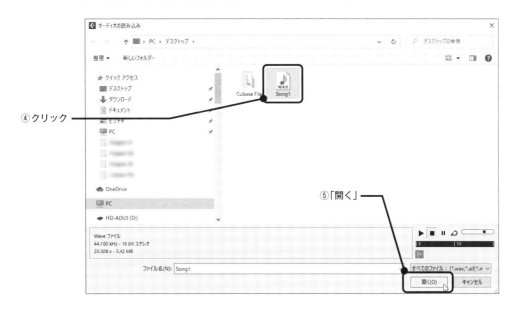

3 「読み込みオプション」が開きます。「プロジェクトフォルダーにファイルをコピー」に
チェックを入れて（⑥）、「OK」（⑦）をクリックします。

⑥チェックを入れる

⑦「OK」

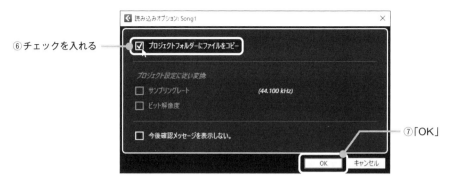

ヒント

「プロジェクトフォルダーにファイルをコピー」にチェックを入れておかないと、常にもとのファイルを参照することになり、うっかりもとのファイルを移動してしまうと、参照ファイルが見つからずにエラーになってしまいます。そのため、オーディオファイルを読み込む際は、必ずここにチェックを入れておきます。

プロジェクトに、前項で書き出したオーディオファイル「Song1」が読み込まれました。

　書き出す範囲に余裕をもたせたので、曲がはじまる前と終わったあとに空白部分があります。Chapter 8「**オーディオデータの編集**」（195ページ～）を参考に、何度か再生させながら不要な部分をカットして、イベントの長さが正確に曲のはじまりの位置と終わりの部分の位置になるよう調整します。

すばやい書き出し範囲の設定方法

Chapter 8「オーディオデータの編集」（195 ページ〜）を参考に曲のはじまりと終わりの位置を調整し、その調整内容をオーディオファイルに反映させるには、調整をおこなった状態で、もう一度書き出す必要があります。

ただ、調整したイベントのはじまりと終わりの位置は、小節や拍など、区切りのいい位置ではなく、微妙な位置に調整されていることがほとんどです。そのため、この Chapter で解説した手順で、左右のロケーターに正確にイベントの開始／終了位置を設定するのはなかなか困難です。

そんなとき Cubase では、イベントの開始位置と終了位置をそのまま左右ロケーターに設定してくれる、便利な方法があります

すべてのイベントを選択した状態で、「トランスポート」メニューの「ロケーター」にある「ロケーターを選択範囲に設定」（ショートカットは P キー）をクリックします。

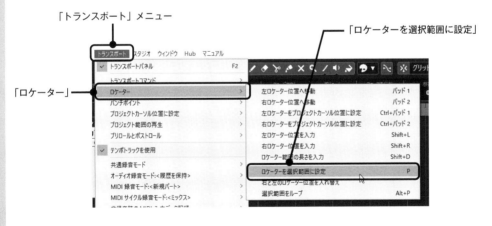

このようにすると、イベントの開始／終了点が中途半端な位置であっても、Cubase が自動的に左右ロケーター位置を正確に設定してくれます。

範囲を設定したあとは、この Chapter で解説した「書き出し」をおこないます。

ヒント

書き出す際は念のため、先に書き出したオーディオファイルとは違う名前（たとえば「Song 1Edit」など）をつけて書き出しておきましょう。そうすれば万が一、書き出した内容に満足できなかったときも、先に書き出したオーディオファイルがそのまま残っているので、もう一度やりなおすことができて安心です。

コラム 非録音時の MIDI 入力データ記録

録音（入力）操作をしていない状態でも、接続している MIDI キーボード（オンスクリーンキーボードを含む）で弾いたデータを一時的な記録（バッファ）として保存し、あとからトラックに挿入できるようになりました。

これはたとえば、Cubase を停止した状態のときに、何気なく MIDI キーボードを弾いていたら、「あ、今弾いたフレーズ、すごくよかった。でも、どういうのだったっけ？」というときや、入力前に Cubase で再生したリズムにあわせて練習していたら、「あ、意外とうまくいった。ああ、録音しておけばよかった」というときなどに便利です。

手順

1 MIDI インストゥルメントトラックを選択して、音が鳴る状態にしておきます。

2 Cubase を停止または再生（録音していない）状態で MIDI キーボードを弾きます。

3 インスペクターの「非録音時の MIDI 入力データ記録」（①）をクリックするとメニューが開くので、「リニア録音として挿入」（②）をクリックします。

4 選択していたトラックに、MIDI キーボードで弾いた MIDI データが入力されます。

①非録音時の MIDI 入力データ記録

②「リニア録音として挿入」

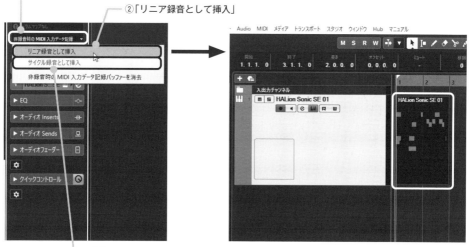

③「サイクル録音として挿入」

ヒント

「サイクル録音として挿入」（上図③）は、サイクル再生をしている間の MIDI データをすべて複数の MIDI イベントとして入力します。サイクル再生しているときのみ有効になります。たとえば3回サイクル再生したあとに挿入すると、3つのイベントが重なって挿入されます。

制作のヒント

ここまで、Cubase での制作例をその手順どおりに
解説してきました。この Chapter では、今後の制作
で覚えておくと便利なヒントをご紹介します。

独自のキーボードショーカットを アサインして快適に操作しよう！

ショートカットキーは、作業の効率化に欠かせません。デフォルトで設定されているショートカットキーの他にも、よく使う機能には新たに独自のショートカットキーをアサインして、さらに快適な操作ができるようにしましょう。

■ショートカットキーのアサイン方法

ここでは例として、「キーエディターを開く」を K キーにアサインします。

手順

1 「編集」メニューから「キーボードショートカット」をクリックします。

キーボードショートカットを設定するウィンドウが開きます。ここで「コマンド」欄（③）に表示されているのがメニューなのですが、膨大な数のメニューが用意されているので、検索機能を使ってすばやく目的のメニューを見つけましょう。

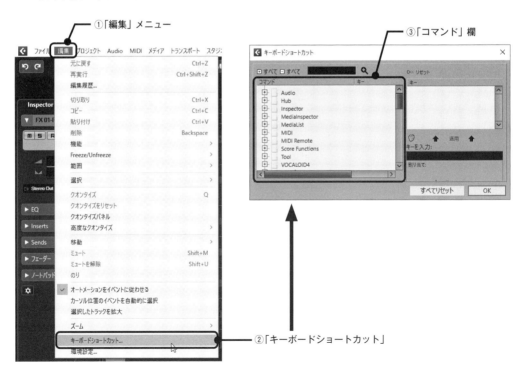

①「編集」メニュー

③「コマンド」欄

②「キーボードショートカット」

2 パソコンのキーボードを「日本語入力モード」にします。

3 「検索」欄（④）にアサインしたいメニュー（ここでは「キーエディターを開く」）を入力して、「検索の開始／再開」ボタン（⑤）をクリックします。

「コマンド」欄に「キーエディターを開く」が選択された状態で表示されます。

ヒント

時により、表示がスクロールしないこともあります。その場合には、スクロールバーを上下にドラッグして、検索され、選択されたメニューを探しましょう。

④「検索」欄　　⑤「検索開始／再開」ボタン

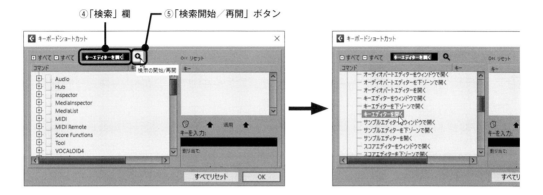

4 パソコンのキーボードを「日本語入力モード」から「半角英数入力モード」にしてから、「キーを入力」欄（⑥）をクリックしてアサインしたいキー（ここでは K キー）を押します。

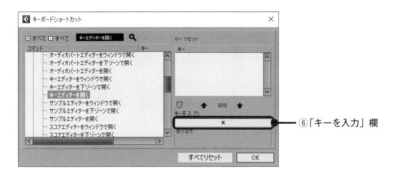

⑥「キーを入力」欄

ヒント

Ctrl 、 Shift 、 Alt キーなどと他のキーと組みあわせてアサインすることも可能です。また、一度押したキーを変更するには、 BackSpace キーや Delete キーを押すとそれらのキーが設定されてしまうので、新たに設定したいキーを押しなおします。

ヒント

すでにデフォルトなどの設定でアサインされている同じショートカットキーが存在する場合、「割り当て」欄にその内容が表示されます。そのまま操作を続けるとショートカットキーが重複してしまいます。操作が混同しないよう、重複しないキーを設定することをお勧めします。

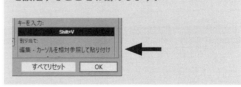

5 「適用（キー割り当て）」（⑦）をクリックすると、「キー」欄（⑧）に設定したキーが表示されます。

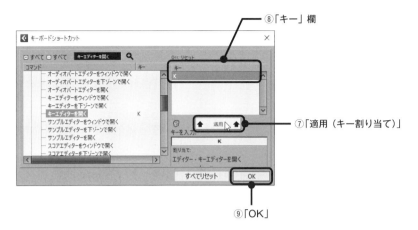

⑧「キー」欄

⑦「適用（キー割り当て）」

⑨「OK」

6 他のメニューにもショートカットキーのアサインを続けておこなう場合には、手順2から5の操作を繰り返します。

7 終了したら「OK」（上図⑨）をクリックします。

ヒント

一度アサインしたキーを無効にするには、「コマンド」欄でメニューを選択したあと、「リセット」をクリックします。

「リセット」

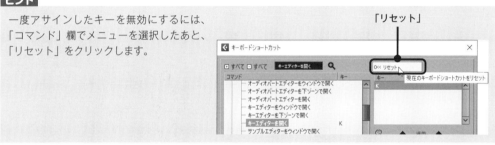

これで、イベントを選択したら**K**キーを押すだけで、キーエディターが開きます。

キーエディターの他にも、スコアエディターやドラムエディター、サンプルエディターなどのエディターを開く操作にも、ショートカットキーをアサインしておくと便利です。

トラックが多くなったら グループチャンネルトラックでまとめよう！

■グループチャンネルトラックとは

　本格的な制作になると、使うトラックの数がどんどん増えてきます。トラックが増えると、ミックスの際など、音量の調節だけでもたくさんのフェーダーを動かさなくてはならなくなります。

　そんなときに便利なのが、複数のトラックをまとめて調整できる「グループチャンネルトラック」です。

　このグループチャンネルトラックでは、複数のトラックの音量を１つのフェーダーで調整できるので、ミックス作業が軽減できるだけではなく、各トラックで個別に調整した音量のバランスを保ったまま、グループチャンネルトラック内のトラックの音量をまとめて調整することができます。さらに複数のトラックの音に対して１つのエフェクトを一括でかけることもできるので、音質や効果を統制することができ、効率的に制作がおこなえます。

グループチャンネルトラックを使わないと……

　３つのコーラストラックがある、下図のようなプロジェクトを例に説明しましょう。

　各トラックのフェーダーを調整して音量のバランスを取ったあとで、やっぱりコーラスの音量を全体的に上げたい（または下げたい）ということがあるかもしれません。そんなとき、個々のフェーダーを操作すると、せっかく取ったバランスまでもが崩れてしまいます。

　また、コーラス全体にディレイなどのエフェクトをかけたい場合、このままではそれぞれのトラックに１つずつ、合計３つのディレイが必要になります。パラメーターの操作も、３つのディレイそれぞれにおこなわなくてはなりません。

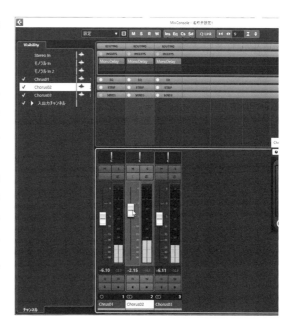

グループチャンネルトラックを使うと……

　グループチャンネルトラックのフェーダーを使えば、各トラックで調整した音量バランスはそのままに、全体的な音量の調整が簡単にできます。

　さらに、エフェクトのディレイをコーラス全体にかけたい場合も、グループチャンネルトラックに1つだけかければコーラス全体にディレイがかかり、パラメーターの操作も1つのディレイだけですみます。

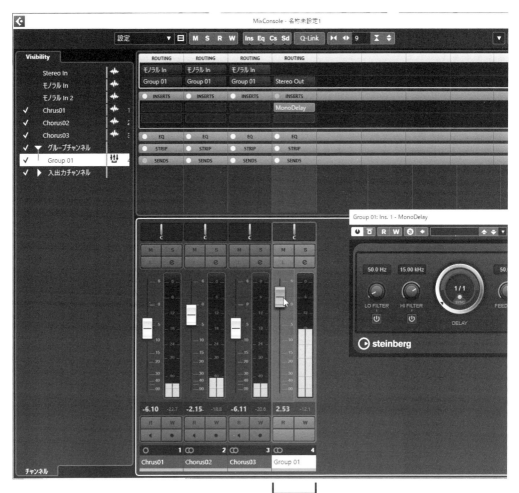

グループチャンネルトラック

　グループチャンネルトラックには、なるべく同時に操作する同系統の楽器のトラックをまとめるようにします。たとえば、バッキングで使うギター類、バイオリンやチェロなどの弦楽器類、トランペットやサックスなどの管楽器類などですが、同じ楽器類でもソロを取る楽器は、目立たせるために音量やエフェクトを個別に調整することが多いのでグループに入れないほうがよいでしょう。

258

■グループチャンネルトラックの作成

　Cubase ではトラックを作成する際、選択されているトラックの下に作成されます。どのトラックをまとめたグループチャンネルトラックなのかがわかりやすいよう、グループの一番下にあるトラックの下に作成します。

手順

1 Chapter 2「新規トラックの作成」(48 ページ) を参考に、グループの一番下にあるトラック (ここでは「Chorus 3」トラック) を選択し (①)、トラック上で右クリックして「トラックを追加」(②) から「グループ」(③) をクリックします。

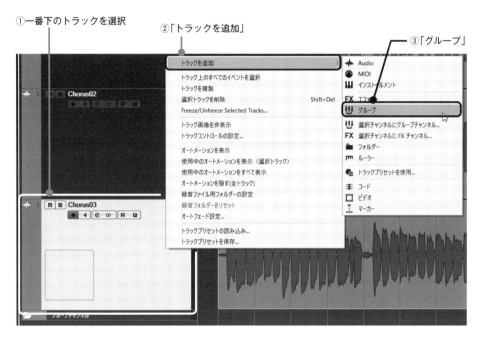

①一番下のトラックを選択　②「トラックを追加」　③「グループ」

2 「トラックを追加」ウィンドウが開きます。ここで調整するコーラストラックは広がりや奥行きを重視するパートなので、ステレオのトラックを作成します。
　「構成」欄をクリックして「ステレオ」(④) に、「数」はデフォルトの「1」のままで、「トラックを追加」(⑤) をクリックします。

④「ステレオ」

⑤「トラックを追加」

ヒント

同じ楽器を集めて厚みをつけるような場合、たとえばオーケストラの第1バイオリンをすべてまとめるときには「構成」欄を「モノラル」にします。

3 「Group 01」というトラックが作成されるので、トラック名をダブルクリックして、わかりやすい名前（ここでは「Chorus Group」）を入力して **Enter** キーを押して確定します（⑥）。

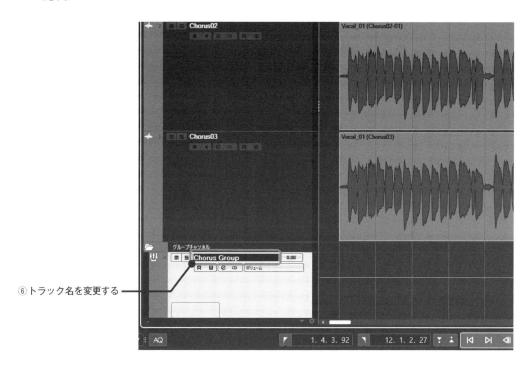

⑥トラック名を変更する

■グループチャンネルトラックへのアサイン

　ここでは、3つのコーラストラックをグループチャンネルトラックへアサインします。この操作は、トラックの「アウトプットのルーティング」をデフォルトの「Stereo Out」から先ほど作成したグループチャンネルトラックの「Chorus Group」に変更します。

複数トラックの選択

　同じ操作を複数のトラックに対しておこなう場合、個別に操作するよりも複数のトラックを選択して一括でおこなったほうが効率的です。

手順

1 選択したいトラックの一番上にあるトラック（ここでは「Chorus 1」トラック）をクリックして選択します。

2 **Shift** キーを押しながら、一番下にあるトラック（ここでは「Chorus 3」トラック）をクリックします。
　これで、3つのトラックが選択されました。

一番上のトラックをクリック

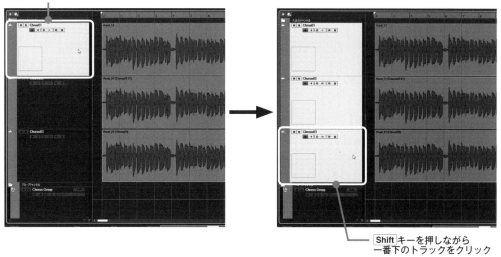

Shift キーを押しながら
一番下のトラックをクリック

複数トラックのアサイン

手順

1 左ゾーンの「アウトプットのルーティング」（①）にある「Stereo Out」を、Shift キーと Alt キーを同時に押しながらクリックするとメニューが表示されます。

2 メニューから「グループ -Chorus Group」（②）をクリックします。

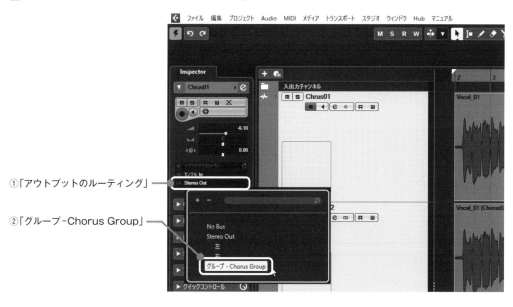

①「アウトプットのルーティング」

②「グループ -Chorus Group」

これで、選択されている3つのトラックが「Chorus Group」にアサインされました。今後、コーラス全体の調整をおこなう際には、このグループチャンネルトラックを操作するだけですむようになりました。

Chapter 10

■グループチャンネルトラックでの音量操作

ショートカット F3 キーを押してミキサーを表示すると、コーラストラックのチャンネルの
右に「Chorus Group」トラックチャンネルが追加されています。

「Chorus Group」トラックチャンネル

これで再生させながら、「Chorus Group」チャンネルのフェーダーを上下すると、各コー
ラストラックの音量バランスはそのままで（各コーラストラックのフェーダーはその位置を
保ったまま）、コーラス全体の音量を上下させることができます。

■グループチャンネルトラックへのエフェクトのアサインと操作

エフェクトもこのグループチャンネルトラックへかければ、コーラス全体にかけることが
できます。ここではディレイをかけてみましょう。

手順

1 ミキサーの「Chorus Group」チャンネルで「INSERTS」欄（①）をクリックして、スロッ
ト（②）を表示します。

262

2 スロットをクリックして、メニューから「Delay」（③）→「MonoDelay」（④）をクリックします。

ヒント

これまでの操作ですでにスロットが表示されている場合は、手順1の操作は不要です。

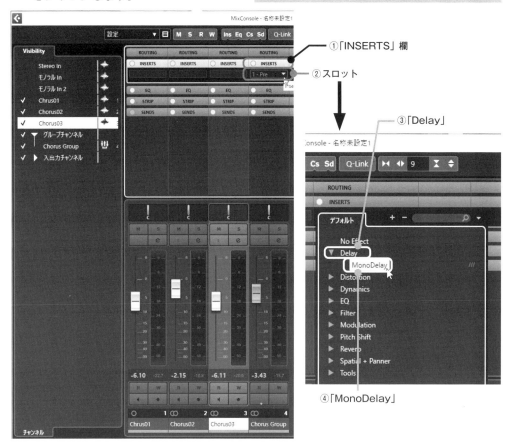

① 「INSERTS」欄

② スロット

③ 「Delay」

④ 「MonoDelay」

3 ディレイエフェクトである「MonoDelay」が起動します。

これで再生させると、コーラス全体にディレイがかかります。Delay（ディレイタイム）やMix（ミックス。くわしくは **Chapter 9**「リバーブ」〔240 ページ～〕の手順3をご覧ください）の値を調整します。

動きが重い！　止まってしまう！ そんなときにはフリーズトラックを

　制作が進み、使用しているトラックやエフェクトの数が増えてくると、その処理によりパソコンの CPU に負荷がかかり、操作の反応が遅くなったり、プロジェクトの録音や再生の動作がおかしくなったりすることがあります。

　このようなときにフリーズ機能を使うと、CPU への負荷を軽減させ、動作を安定させることができます。

　フリーズ機能とは、トラックを一時的にオーディオデータに書き出して CPU の負荷を下げる機能のことです。フリーズしたトラックを「フリーズトラック」と呼び、音量やパンなど基本的な操作以外の編集／修正はできなくなります。「アンフリーズ」という操作をおこなうと、もとの編集／修正が可能な状態に戻ります。

■MIDI ／インストゥルメントトラックのフリーズ

　フリーズすると、リアルタイムで動作している VST インストゥルメントとエフェクトが動作を停止し、CPU への負荷が軽減されます。

Hint!

MIDI トラックには、フリーズをおこなうための「フリーズ」ボタンがありませんが、VST インストゥルメントと接続しているときには、VST インストゥルメント／ MediaBay ゾーンに表示されている VST インストゥルメントのパネルにある「フリーズ」ボタンでフリーズがおこなえます。くわしくは 267 ページ「フリーズの手順2」の手順1を参照してください。

　インストゥルメントトラックでフリーズをおこなうと、その VST インストゥルメントに接続している他の MIDI トラックもすべて連動してフリーズされます。

　本書で制作したプロジェクトのように、まずインストゥルメントトラックで VST インストゥルメント（HALion Sonic SE）を起動し、あとから追加した MIDI トラックをインストゥルメントトラックで起動した VST インストゥルメントに接続しているような場合は、インストゥルメントトラックをフリーズすると、同じ VST インストゥルメントに接続している MIDI トラックもすべてフリーズされます。

インストゥルメントトラックと MIDI トラックが同じ VST インストゥルメントに接続して
いる場合

手順

1 フリーズしたいインストゥルメントトラックを選択します（①）。

2 左ゾーンにある「インストゥルメントチャンネルをフリーズ」ボタン（②）をクリック
します。

②「インストゥルメントチャンネルをフリーズ」ボタン

①インストゥルメントトラックを選択

3 「インストゥルメントのフリーズオプション」が開きます。

使用しているインストゥルメントだけをフリーズしたい場合は、「include Inserts for
instrument Tracks」（③）にはチェックを入れないままにします。
使用しているインストゥルメントトラックとエフェクトをまとめてフリーズしたい場合
にはチェックを入れます。

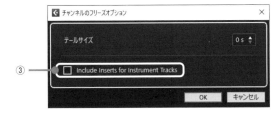

Hint!

トラックでインサートエフェクトを使用しており、エフェクトの調整がすんでいる場合には、チェックを
入れるとよいでしょう。

Chapter 10

4 「テールサイズ」欄（⑤）でフリーズ
した際の音の余韻を秒単位で調整しま
す。デフォルトでは「0秒」に設定さ
れていますが、特にディレイやリバー
ブなど余韻を付加するエフェクトを
使っていたり、余韻の長い音色を使っ
ていたりする際には、フリーズしたと

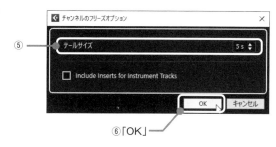

⑤ ──────── テールサイズ

⑥「OK」

きに音が途切れないように長めに設定します。「▲」をクリック、あるいは数字をダブル
クリックして数値を入力して、秒数を増やして長めに設定します。ここでは5（秒）と
しました。

5 「OK」（右図⑥）をクリックします。
フリーズの進捗状況を示すウィンドウが表示さ
れ、終了すると閉じます。

　トラックのイベントには、フリーズされ、編集や修正ができないことを示す鍵マークが表
示されます（⑦）。

ヒント

前述のように、インストゥルメントトラックで使用している VST インストゥルメントに接続している
MIDI トラックのイベントもすべてフリーズされます（下図参照）。

⑦鍵マークが表示される

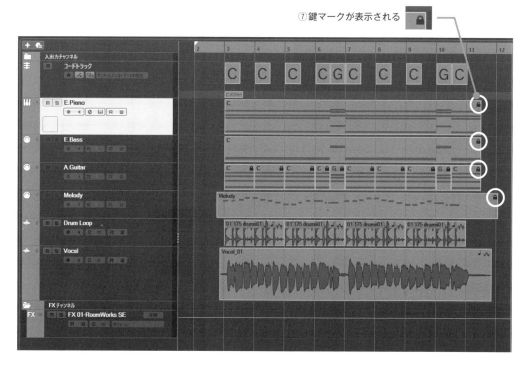

フリーズの手順２

MIDI トラックとインストゥルメントトラックを独立して起動し、接続している場合

たとえば MIDI トラックを単独で作成し、そのあと、新たに VST インストゥルメントを単独で起動したような場合です。MIDI トラックにはフリーズボタンがないので、VST インストゥルメントのパネルでフリーズをおこないます。

ただし、Cubase LE の右ゾーンには VST インストゥルメントタブがないので、フリーズはインストゥルメントトラックでのみおこなうことができます。

手 順

1 右ゾーンにある、フリーズしたい VST インストゥルメントのパネル上にある「インストゥルメントをフリーズ」ボタン（①）をクリックします。

ヒント

インストゥルメントトラックの場合とは異なり、「VST インストゥルメントと接続されているトラックを自動的にフリーズする」という仕様のため、フリーズするトラックを選択する必要はありません。

①「インストゥルメントをフリーズ」ボタン

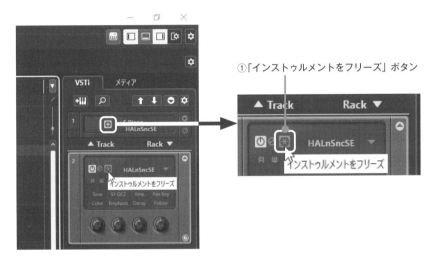

2 「インストゥルメントのフリーズ - オプション」が開きます。
以降の手順は、前項「フリーズの手順1」と同様です。

■オーディオトラックのフリーズ

　オーディオトラックに録音／入力されているオーディオイベントと、オーディオトラックにかけているインサートエフェクトがフリーズされます。リアルタイムでかかっていたエフェクトがフリーズされることによって動作を停止するので、エフェクトによるCPUへの負荷が軽減されます。

手順

1　フリーズしたいオーディオトラックを選択します（①）。

2　左ゾーンにある「オーディオチャンネルをフリーズ」ボタン（②）をクリックします。

②「オーディオチャンネルをフリーズ」ボタン

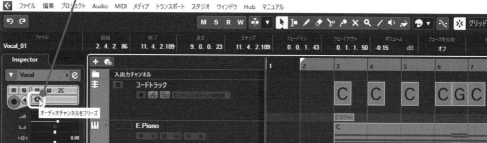

①オーディオトラックを選択

3　「チャンネルのフリーズオプション」が開きます。
オーディオトラックは、エフェクトをオーディオ化するだけなので、テールサイズ以外のオプションはありません。テールサイズについては、前項の「テールサイズ」をご覧ください。

4 「OK」をクリックします。

フリーズの進捗状況を示すウィンドウが表示されたあと、終了すると閉じます。

オーディオトラックでも、フリーズされたオーディオトラックのイベントには鍵マークが表示されます。

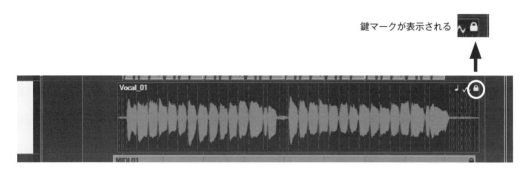

鍵マークが表示される

■アンフリーズ（フリーズの解除）

編集や修正が必要になったときには「アンフリーズ」をおこなうことで、再び編集や修正が可能になります。

手 順

1 アンフリーズは、ここで紹介したそれぞれのフリーズの手順 1 でクリックした、インスペクター、または VST インストゥルメント／ MediaBay ゾーンの VST インストゥルメントパネルで、フリーズボタンをクリックします。

2 「チャンネルオプションのフリーズを解除」が開きます。「フリーズファイルを削除」にチェックを入れて「OK」をクリックします。

「フリーズファイルを削除」

アンフリーズが実施され、イベントに表示されていた鍵マークがなくなり、編集や修正が可能になります。

移調してキーをあわせよう！

　メロディをどれくらいの高さ（低さ）で歌う（演奏する）かを示すのが「キー（調）」です。本書で作成した参考曲のキーは「C（メジャー）」です。この曲のメロディは「ミ、ミ、ファ、ソ……」となっていますが、このキーでは、人によっては高すぎたり低すぎたりして歌いにくい（あるいは楽器の特性上演奏しにくい）ということがあります。歌う人（演奏する楽器）にあうようにキーを変更することを「移調」といいます。

　ここでは、本編で作成した参考曲を例に、キー「C（メジャー）」を別のキーに移調してみましょう。

ヒント

ティンバニーなど音階をもつものを除いて、ドラムなどの打楽器にはキーという概念はありません。また打楽器は、移調してしまうとサウンドの変化が激しいため、インストゥルメント、MIDI、オーディオトラックを問わず、移調の対象からはずします。
ここでは打楽器以外のトラックを一度に選択するため、ドラム・パートのループファイルを再生している「Drum Loop」トラックをドラッグして一番下に移動させてから（下図参照）、移調作業をおこないます。
また、コードトラックは移調できないので、これも選択しません。

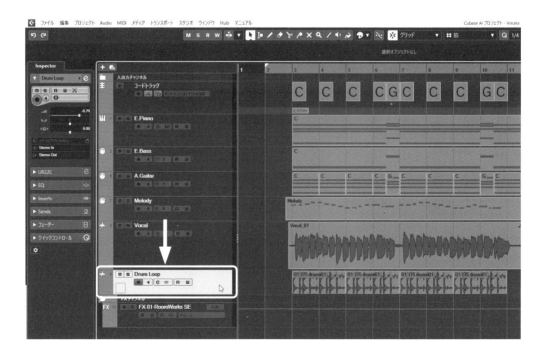

■イベントの移調

手順

1 移調する対象のイベントを選択します（①）。

ここでは、コードトラックと「Drum Loop」トラック以外のイベントを囲むようにドラッグして選択します。

①イベントを選択

2 プロジェクトウィンドウ右上の「ウィンドウレイアウトの設定」ボタン（②）をクリックして、「情報ライン」（③）にチェックを入れると、プロジェクトウィンドウ上部に「情報ライン」（④）が表示されます。すでにプロジェクトウィンドウに情報ラインが表示されているときには、この操作は不要です。

②「ウィンドウレイアウトの設定」ボタン

③「情報ライン」

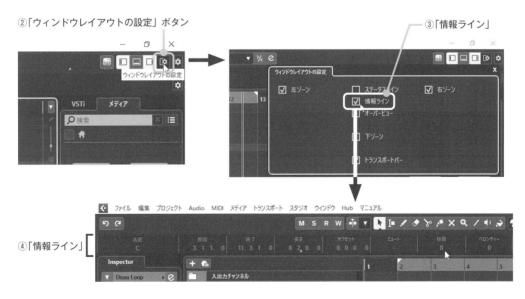

④「情報ライン」

3 「情報ライン」の「移調」欄で、移調する幅を設定します。

Cubase では、半音を「1」として、たとえば、キーを「C」から「D」に上げるには半音2つ分上に移動するので「(+)2」、キーを「C」から「A」に下げるには半音3つ分下に移動するので「-3」というように設定します。

ヒント

キーを「C」から「A」に移調する場合、「9」上げてキー「A」にすることもできます。「上げてAにする」か、「下げてAにする」かは、どちらのほうが音質の変化が少ないかで決めるとよいでしょう。一般的に、数値の差があるほど音が不自然になります。

ここでは、キーを「C」から「D」に上げてみましょう。

「移調」欄の数値をダブルクリックして「2」を入力し（⑤）、 **Enter** キーを押して確定します。

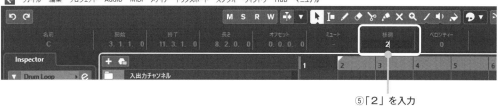

⑤「2」を入力

これでキー「D」に移調できました。

■オクターブの移調で厚みを作る

全体のキーを変更するだけではなく、トラックのイベントを個別に移調して独自の効果を得ることもできます。

たとえば、ギターのソロを録音したものの、音が薄く存在感がない、という場合、トラックを複製したうえで、オクターブ下に移調して重ねると、低音が加わり厚みが出て存在感が増します。

ヒント

1オクターブは半音12個になります。

手順

1 複製したいトラック（ここではギタートラック）を選択します（①）。

2 選択したギタートラックの上で右クリックして、メニューから「トラックを複製」（②）をクリックしてトラックを複製します。

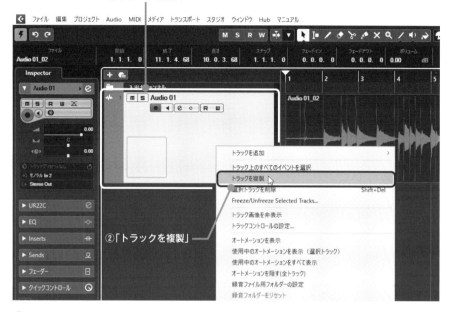

①トラックを選択

②「トラックを複製」

3 複製したトラックのイベントを選択し（③）、「移調」欄に「-12」を入力します（④）。

④「-12」を入力

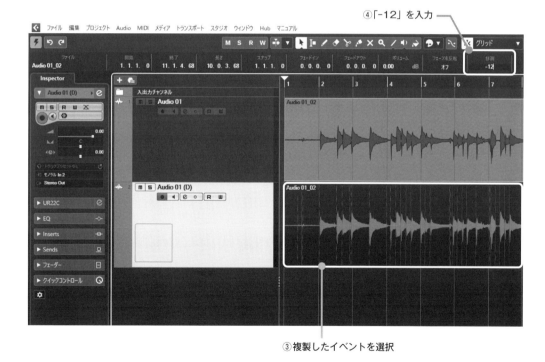

③複製したイベントを選択

1オクターブの移調なので正確には「移調」とはいえませんが、たとえば、複製したトラックのイベントを5度上（Cubase上では「＋7」）などに設定して、簡易的なハーモニーを作ることなどにも利用できます。

Chapter 10

オートメーションを使って
躍動的なミックスを！

　ミックスの際、特にボーカルトラックでは、曲の起伏にあわせて音量の操作をすることがしばしば求められます。また、臨場感を出すために曲のセクションにあわせてエフェクト、特にリバーブ成分を増減することもよくおこなわれます。

　これらの操作は、ミックスの際にリアルタイムでおこなうのではなく、操作した内容を「オートメーション」というデータとして曲の中に保存しておきます。こうしておくと、再生するたび、保存したオートメーションのデータによってボーカルトラックの音量やリバーブ成分の増減が再現されるのはもちろん、ファイルに書き出す際にも反映されます。

　ここでは、録音したボーカルトラックの音量、そしてインサートでかけているリバーブの増減を例に、オートメーションの書き込みと読み込みを解説します。

> **ヒント**
>
> 一般的には「書き込み」、「読み込み」というように送り仮名がつきますが、Cubase ではそれぞれ「書込」、「読込」と表示されます。本書では、本文中では「書き込み」「読み込み」とし、Cubase の操作のメニューでは「書込」、「読込」と表示します。

■ボーカルトラックの音量を
　リアルタイムでオートメーション化する

　ミキサーなどのフェーダーを曲の進行にあわせてリアルタイムで操作し、その動きをオートメーションデータとして記録します。

フェーダーを操作して記録する

　フェーダーは通常ミキサーのフェーダーを使いますが、トラックの左ゾーンにもフェーダーがあるので表示して操作してみましょう。

手順

1 オートメーション化したいトラックを選択し（①）、左ゾーンの「フェーダー」（②）をクリックすると、すぐ下にフェーダーが表示されます。

2 オートメーションを書き込むために、手順1で表示したフェーダーの下にある「W（オートメーション書込)」ボタン（③）をクリックしてオン（赤く点灯）にします。

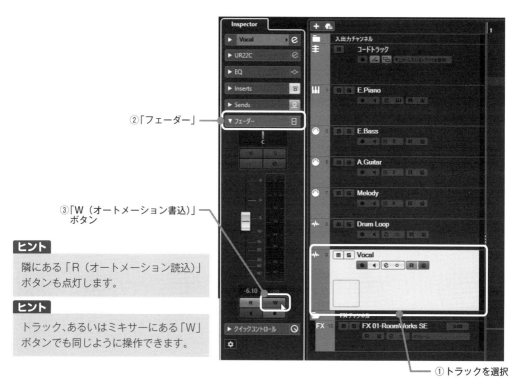

②「フェーダー」

③「W（オートメーション書込）」
ボタン

ヒント

隣にある「R（オートメーション読込）」
ボタンも点灯します。

ヒント

トラック、あるいはミキサーにある「W」
ボタンでも同じように操作できます。

①トラックを選択

3 曲を再生させながら、フェーダーを上下にドラッグして音量を調整します。通常はわずかな動きになるはずですが、ここではわかりやすいようにわざとオーバーに動かしています。

これでフェーダーの動きがオートメーションデータとして記録されました。

「W」ボタンをクリックしてオフ（消灯）にして、左の「R」ボタンだけが点灯している状態にして、曲を先頭に戻してから再生し、フェーダーの動きを確認します。

オートメーションデータを確認する

　記録したオートメーションデータは、自動的にトラック（ここでは Vocal トラック）の下にリアルタイムで表示されます。

オートメーショントラック

オートメーションデータを修正する

オートメーショントラックに表示されているラインをドラッグして、オートメーションデータを修正することができます。

手順

1 自由なラインを描けるように「スナップオン／オフ」（①）をクリックして消灯し、オフにしておきます。

①「スナップオン／オフ」

2 オートメーショントラックのラインの近くにカーソルを移動すると、白い■のポイントが表示されます。

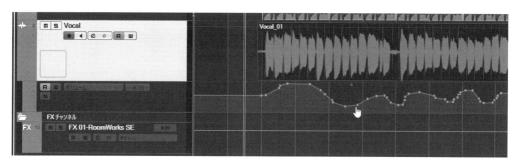

3 表示されたポイントをドラッグしてラインを修正します。

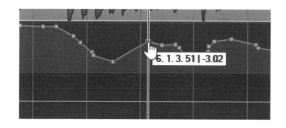

ポイントがない場所では、カーソルをラインに近づけると鉛筆ツールになるのでクリックしてポイントを追加します。その状態でポイントにカーソルを近づけると指のツールになるので、ドラッグして修正します。

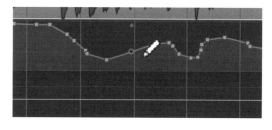

■最初からラインを描いて
　オートメーションデータを作成する

　フェーダーなどのコントロールをドラッグして操作するのではなく、最初からオートメーションラインを描いてデータを作成することもできます。ここでは、ボーカルトラックにインサートでアサインされているリバーブの深さを調整する「Mix」というパラメーターのオートメーションを作成してみましょう。

　インサートでのリバーブのアサイン方法は、**Chapter 7**「**エフェクトを使う**」（182 ページ）を参考にしてください。

リバーブのオートメーショントラックを表示する

手順

1 Vocal のオートメーショントラックの左下にカーソルを近づけると、「＋（オートメーショントラックの追加）」ボタン（①）が表示されるのでクリックします。

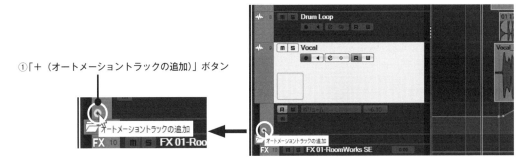

①「＋（オートメーショントラックの追加）」ボタン

　オートメーショントラックが追加されます（②）。「R（オートメーション読込）」ボタン（③）と「W（オートメーション書込）」ボタン（④）がが点灯していない場合にはクリックして点灯させます。

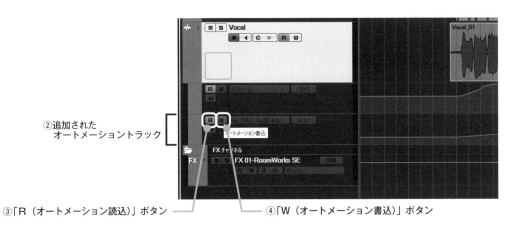

②追加された
　オートメーショントラック

③「R（オートメーション読込）」ボタン　　　　　④「W（オートメーション書込）」ボタン

2 オートメーションを作成するパラメーターを選択します。

現在「ミュート」と表示されている部分をクリックすると（⑤）メニューが表示されるので、パラメーター（ここでは「Ins.：1:RoomWorks SE - Mix」）を選択します（⑥）。

⑥パラメーターを選択

⑤クリック

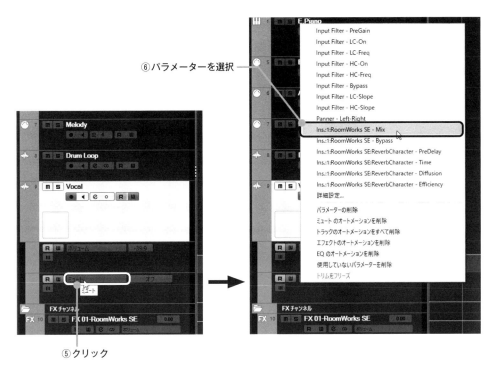

ヒント

操作したいパラメーターがメニューにない場合は「詳細設定」をクリックして、「パラメーターの追加」ウィンドウを表示して選択します。たとえば、パンを操作したい場合には「Panner」から「Left-Right」を選択して「OK」をクリックします。

「詳細設定」

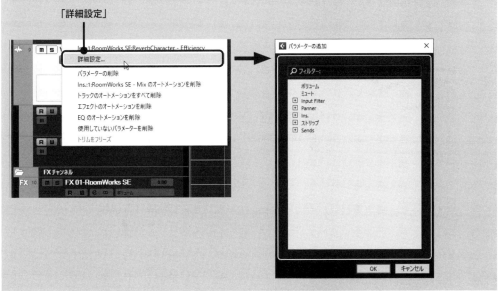

オートメーションデータのラインを描く

　追加したオートメーショントラックには、まっすぐなラインが表示されています。ここに
ポイントを追加してオートメーションデータを作成します。

手順

1 「スナップオン／オフ」（①）をオフ（消灯）にします。

①「スナップオン／オフ」

2 ラインにカーソルを近づけると鉛筆のカーソルになるので、ラインをクリックしてポイ
ントを追加し、ポイントをドラッグしてデータを書き込みます。

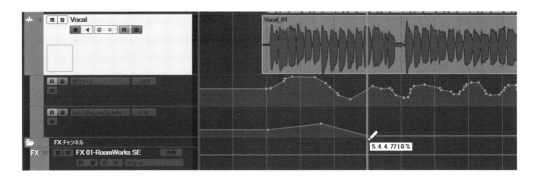

■オートメーショントラックを閉じる

　オートメーションの調整
／作成が終わったら、オー
トメーションを書き込んだ
トラック（ここでは Vocal）
の上で右クリックして、メ
ニューから「オートメーショ
ンを隠す」をクリックして
非表示にしておきましょう。

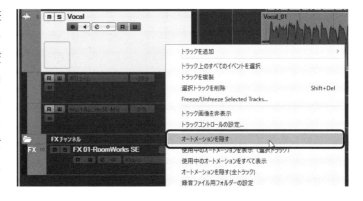

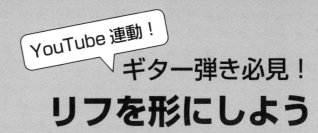

YouTube 連動！

ギター弾き必見！
リフを形にしよう

　このチャプターでは、ギター弾きがすぐに制作にかかるためのテンプレートを作成する方法、そして実際にギターのリフを曲の母体にするための方法を解説します。

　また実際の手順の動画も用意しました。

YouTube へのアクセスはこちらから
➡ https://www.stylenote.co.jp/0198/

ロックやポップスでは、ギターで「リフ」を演奏することがよくあります。この「リフ」というのは、繰り返し演奏されるある一定のフレーズで、曲を展開させていくときのまとまりのことです。イントロや、歌と歌との間の間奏部分に使われたり、歌の間にバックでずっと演奏されていたりすることから、リフは「曲の顔」ともいえます。

　古くはビートルズやローリング・ストーンズ、レッド・ツェッペリン、ディープ・パープル、もちろん最新のヒット曲でも使われています。

　ギターを弾く人が曲を作るときには、ギターを弾いている間にこのリフが生まれ、それを発展させていく、ということが多いようです。ただ一方で「リフはできるんだけど、それが曲の形になっていかない」という人も多いようです。

　もしバンドを組んでいて通常の生活なら、バンドのメンバーとリハーサルをしているときに、「こんなリフできたんだけど」とメンバーの前で弾けば、ドラマーやベーシストがあわせてくれる、ということもあるでしょう。ただ、新しい生活環境下ではそれも難しいでしょうし、あるいはそもそもバンドを組んでいない人は、せっかくできたリフが形ならないのはもったいない話です。

　そこでこのチャプターでは、Cubase AI 11/LE 11 を使って実際にリフを録音し、それにあわせてドラムパターンを作ったりしながら、リフを曲の形にする手順を解説します。

　ここでは、次のように制作を進めていきます。

　　（1）エレキギターでリフを、オーディオトラックに録音する

　　（2）オンスクリーンキーボードを使って、ドラムトラックをリアルタイム入力する

　　（3）オンスクリーンキーボードを使って、ベーストラックをステップ入力する

ヒント

> ここでの「ステップ入力」とは Chapter 6 のマウスを使ったステップ入力ではなく、オンスクリーンキーボードを使ったステップ入力のことです。

　たとえば、4小節のこんなリフができたとして、話を進めていきます。

　なお、この Chapter での操作については、「ギタートラックの録音と調整」以降の手順がYouTube に動画が用意されているので、そちらも併せてご覧ください。

YouTube へのアクセスはこちらから

　　➡ https://www.stylenote.co.jp/0198/

プロジェクトの準備と
テンプレート作成

■新規プロジェクトとギタートラックの作成

　Chapter 1「Cubaseの起動とプロジェクトの作成」（27ページ）を参考に、空の状態でプロジェクトを作成し、Chapter 7「エレキギター録音編」（178ページ）を参考に、オーディオトラックを作成します。この時点ではスナップはオンの状態です（①）。

　エレキギターをオーディオインターフェースに接続、そしてエフェクトの「Amp Simulator」（②）をアサインして、さらにプリセットの「Vintage Rock」を選択します（③）。

①「スナップオン／オフ」はオン

③「Vintage Rock」を選択

②「Amp Simulator」

　本書で使用しているオーディオインターフェース UR22C では、INPUT 2にギターを接続し（④）HI-Zボタン（⑤）を押し込んだ状態にします。

　適正なレベルで録音できるようにオーディオインターフェースの GAIN を調整します（⑥）。

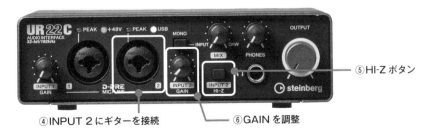

⑤HI-Z ボタン

④INPUT 2 にギターを接続

⑥GAIN を調整

■ドラムトラックの作成

ドラムトラックは付属の VST インストゥルメントの Groove Agent SE を使います。
Chapter 4「Groove Agent SE のインストゥルメントトラックを作成する」（121 ページ）
を参考に新規のインストゥルメントトラックを作成し（①）、**Chapter 4「プリセットのキットをアサインする」**（122 ページ）を参考に、キットの中から「Brother In Need」を選択します。

①インストゥルメントトラックを作成

②「Brother In Need」を選択

なお、ここではオンスクリーンキーボード（またはお使いのパソコンのキーボード）を使ってドラムトラック作成しますが、オンスクリーンキーボードについては、**Chapter 2「オンスクリーンキーボードで確認する」**（58 ページ）をご覧ください。

また、MIDI キーボードをお使いの方は、オンスクリーンキーボードの箇所を「MIDI キーボード」と読み替えて操作してください。

ヒント

オンスクリーンキーボードを使った入力では、ベロシティ（音の強弱）は一定になります。

■ベーストラックの作成

　ベーストラックは、HALion Sonic SE でベースの音色を選択して使います。**Chapter 3「インストゥルメントトラックを作成する」**（85 ページ）を参考にインストゥルメントトラックを作成し（①）、**Chapter 3「コードを鳴らす音色を選ぶ」**（86 ページ）、**「HALion Sonic SE でベースの音色を読み込む」**（93 ページ）を参考に、「[GM 035] Electric Bass (Pick)」を選択します。

①インストゥルメントトラックを作成

②「[GM 035] Electric Bass (Pick)」を選択

ヒント

ベースパートをオーディオトラックに録音する

ここではベースパートを HALion Sonic SE で作成しますが、エレキギターと同様にオーディオとして録音することも可能です。エレキベースなどが手もとにあれば、ギターを録音したあと、新たにオーディオトラックを作成して録音します。

エレキベースが用意できないときは、ギターを代用することもできます。ベースパートをギターで演奏・録音したあと、**Chapter 10「オクターブの移調で厚みを作る」**（272 ページ）を参考に、トラックを複製せずに直接録音したイベントに対してオクターブの移調をおこなうことで、簡易的にベースサウンドを作ることができます。ただし、やや不自然なサウンドになるので、より良い音を求めるなら、本物のエレキベースを用意したほうがよいでしょう。

■よく使うプロジェクトの状態を テンプレートとして保存する

曲作りをおこなうとき、いつも同じトラックやエフェクトの設定を使用する場合、毎回イチから設定するのは面倒です。テンプレートとして保存しておき、プロジェクトを新規作成するときに呼び出せばすぐに制作を開始できます。

たとえば、ここで作成したエレキギター、ドラム、ベースのトラックが揃ったプロジェクトをいつも使うテンプレートとして保存するには次のようにします。

手順

1 「ファイル」メニューから「テンプレートとして保存」（①）をクリックします。

2 「テンプレートとして保存」が開きます。

3 テンプレートを保存するので「属性インスペクター」欄で「Template Category」（②）をクリックして選択します。「新規プリセット」にテンプレートの名前を入力します（③）。ここでは「Riff」としました。「OK」をクリックします（④）。

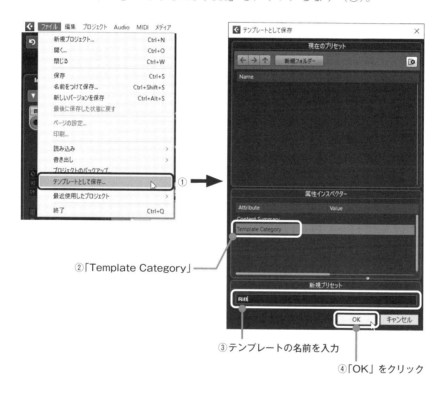

②「Template Category」

③テンプレートの名前を入力

④「OK」をクリック

次回から新規にプロジェクトを開始するときは、「steinberg hub」の「その他」に「Riff」が表示されるので、クリックして選択し「作成」をクリックするとテンプレートとして保存したプロジェクトのコピーが「名称未設定」ファイルとして開きます。

286

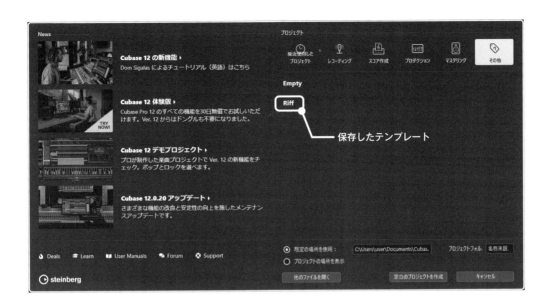

保存したテンプレート

メトロノームを設定する

　リフができたらすぐにその演奏を録音したくなりますが、リズムやテンポのガイドとなる
メトロノームなしで録音してしまうと、このあとドラムやベースなどのパートを増やしてい
くときに、録音済みのギターとタイミングをあわせることが非常に難しくなります。よって、
必ずメトロノームを鳴らしながら録音します。

　まずはメトロノームを鳴らし、ギターのリフを弾きながらテンポがどれくらいかを探しま
す。

ヒント

Chapter 4「付属のループファイルでドラム・パートを作成しよう」（111 ページ）を参考に、リズム
/テンポのガイドとしてループファイルを使うという方法もあります。

1 「メトロノーム / クリックを有効化」アイコンをクリックしてオン（点灯）にし（①）、「開始（再生）」ボタン（②）をクリックしてメトロノームを鳴らします。デフォルトではテンポは 120 になっています。

2 メトロノームにあわせてリフを弾いてみて、テンポが速い / 遅いを確認します。

3 「▲」「▼」クリックして、イメージするテンポになるよう調整します。
ここではテンポを 110 に設定しました。

4 テンポが設定できたら、「停止」ボタンをクリックしてメトロノームの再生を止めます。

④「停止」ボタン　　②「開始（再生）」ボタン　　①「メトロノーム / クリックを有効化」

⑤テンポを調整する

ヒント

リフを録音したあとに、テンポがイメージと違うという場合、**Chapter 8「オーディオデータのテンポを変更する」**（201 ページ）を参考に、プロジェクトのテンポを変更することができます。ただし、極端にテンポを変更すると不自然な音になってしまいます。なるべくイメージするテンポに近づけてから録音するようにしましょう。

※ここからの手順が Youtube でご覧になれます。
YouTube へのアクセスはこちらから　➡ https://www.stylenote.co.jp/0198/

ギタートラックの録音と調整

■録音の実際

それではリフを 1 回分、つまり 4 小節分録音してみましょう。

ここまで解説してきたように、1 小節目から演奏を録音しようとすると、タイミングによって先頭の音が録音されないことがあります。これを避けるために、余裕を持って 3 小節目から演奏を開始するようにします。

なお、今後プロジェクトの 3 小節目がリフの 1 小節目、というように数えていきます。

きっちりと小節の先頭から録音されているか、途中でリズムがずれたりしていないかを確認して、ベストな演奏になるよう心がけてください。

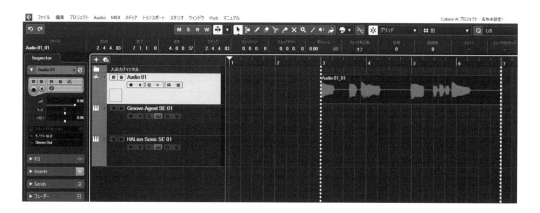

録音した演奏がうまくいかなかった場合、Chapter 2「元に戻す（アンドゥ）／再実行（リドゥ）」（71ページ）、あるいはChapter 5「削除（デリート）」（143ページ）を参考に録音をやりなおして、ベストな演奏を録音しましょう。

ヒント

録音を繰り返すごとに、オーディオイベントの左上に「E Guitar_01」「E Guitar_02」というようにテイク数が加わっていきます。

■録音後の調整

拡大／縮小、そしてスナップをオンにしたりオフにしたりして、正確に3小節目から7小節目の頭までの長さにします。

演奏は良いが全体的に前後にずれてしまった場合には、**Chapter 8「イベントの状態でオーディオデータを編集する」**（198ページ）を参考に修正します。

たとえばイベントの先頭部分での操作では、まずオフにして微妙な移動をおこない、その後オンにしてイベントが正確に3小節の先頭になるようにします。終了部分でも同様です。

最終的にはグリッドをオンにした状態で3小節目から7小節目の頭までの長さになるようにしておきましょう。

ドラムトラックの作成－リアルタイム録音でイメージどおりのパターンを作る

■ドラムパターンの練習のためにサイクル再生する

　次に録音したリフを聞きながら、どんなドラムパターンがあうか、実際にドラムの音を鳴らしながら考えていきます。この際、ギターのリフをサイクル再生させながらドラムの音を鳴らすとイメージしやすいはずです。

　ただし、ギターのリフだけを繰り返して再生してしまうと、音が常に鳴っていてメトロノームの正確なリズムを聞き取ることが難しくなります。そこで、サイクル再生の範囲をリフがはじまる1小節前に設定することで、毎回カウントが入るのと同じになり、パターン作成が楽になります。

サイクル再生の範囲設定とサイクル再生

　Chapter 2「サイクル再生」（69ページ）を参考に、左右のロケーターをそれぞれ「2.1.1.0」、「7.1.1.0」に設定します（①、②）。さらにトランスポートパネルで「サイクルをオン」（③）をクリックしてオンにします。

①「左ロケーター位置」

②「右ロケーター位置」

③「サイクルをオン」

ヒント

トランスポートパネルにサイクルが表示されていない場合には、**CHAPTER 2「再生などトランスポートの操作」**（59ページ）を参考に表示させてください。またサイクル再生のショートカットはテンキーの[/]キーです。

■ドラムトラックを鳴らす

手順

1 ドラムトラック（Groove Agent SE 01）をクリックして選択して（①）、「スタジオ」メニュー
から「オンスクリーンキーボード」（②）をクリックします。オンスクリーンキーボード
が表示されます。

①ドラムトラックを選択

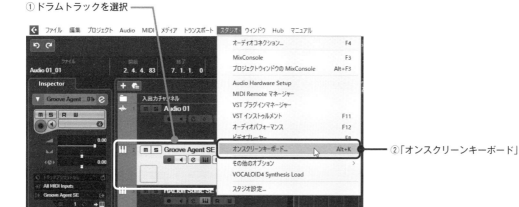

②「オンスクリーンキーボード」

2 デフォルトの状態で、オンスクリーンキーボー
ドのたとえば「Q」をクリック、あるいは実
際のパソコンのキーボードの Q キーを押す
と、「Hihat Pedal（ペダルハイハット）」の音
が鳴ります（③）。

③Hihat Pedal（ペダルハイハット）

3 デフォルト状態では音域が高く設定されており、一般的なドラムパターンを構成するパー
ツ（キック / バスドラム、スネア、ハイハット）の演奏が同時にできません。よってキーボー
ドの音域を低く（左側へ移動）します。デフォルトから 2 つ左（下）のスイッチをクリッ
クします（④）。

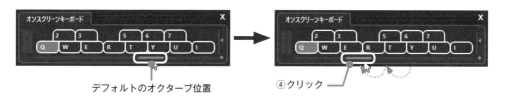

デフォルトのオクターブ位置　　　　　　　④クリック

ヒント

MIDI キーボードをお使いで、鍵盤の範囲が狭いという場合にはオクターブを上下させる操作をおこない、
C1 ～ C2 の範囲の音が出るようにしてください。

これから入力するドラムのパーツとオンスクリーンキーボードのキーの関係は次のとおりです。

「Q」= C1（ド）= Bass Drum（キック / バスドラム）
「E」= E1（ミ）= Acoustic Snare（スネア）
「5」= F♯（ファ♯）= Closed Hi-hat（クローズドハイハット）

実際にオンスクリーンキーボードのキーをクリック、あるいはパソコンのキーボードのキーを叩いて音を確認してください。

曲を先頭に戻して再生させながら、どのようなパターンがギターのリフにあうか、パーツを鳴らしてみましょう。先頭から再生させると2小節分のメトロノームのあとから録音したリフがはじまりますが、その後はサイクル再生となり、先頭に戻るときにリフの前に1小節カウントが入ります。このカウントのときの空白が、「今はこうだったけど次はこうやろう」とか「もっと細かいほうがいいかも」というアイデアを考えるのに便利です。

ここでは次のようなパターンを例に、ドラムパートの入力手順を説明していますが、それぞれ思いついたパターンを入力してください。

エディターで見ると一見複雑そうに見えますが、ハイハットは8分音符のタイミングで、スネアは4分音符のタイミングで、それぞれ一定のリズムで刻んでいるので、思ったよりもスムーズに入力できるはずです。

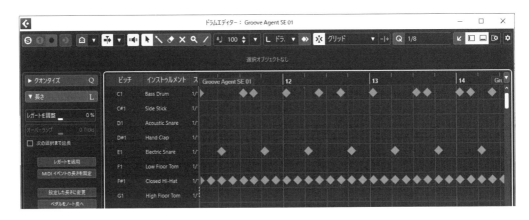

小節	3				4				5				6			
拍	1	2	3	4	1	2	3	4	1	2	3	4	1	2	3	4
キック (Bass Drum)	◆		◆◆	◆		◆	◆		◆		◆◆	◆	◆◆	◆	◆	
スネア (Acoustic Snare)		◆		◆		◆		◆		◆		◆		◆		◆
ハイハット (Closed Hi-Hat)	◆◆	◆◆	◆◆	◆◆	◆◆	◆◆	◆◆	◆◆	◆◆	◆◆	◆◆	◆◆	◆◆	◆◆	◆◆	◆◆

■パーツ別の分割入力のススメ

　ドラムパーツの入力手順にはいろいろな方法がありますが、ここで紹介するのは、すべてのパーツを一度に入力するのではなく、サイクル再生を活用してそれぞれのパーツを個別に入力していく方法です。ここではスネア、ハイハット、キックという順で解説していますが、各自やりやすいパーツから入力してください。

ヒント

この分割入力の途中で録音を停止すると、次に開始するときに新たにイベントが作成され、そのイベント内にノードデータが入力されます。今後編集などをおこなう場合には、1つのイベントにまとまっていたほうが便利です。入力後、すべてのイベントを選択した状態で、のりツール で クリックすると1つのイベントにまとめられます。

手順

1　「録音」ボタンをクリックして入力を開始します。

2　スネアの入力

　スネアは「E」キーで、各小節の2拍目と4拍目に入力します。

　2拍目と4拍目にスネアが入ることでビートが生まれ、メトロノームだけのときよりも音楽的な雰囲気が出てくるはずです。

3　ハイハットの入力

　続けて、ハイハットは「5」キーで入力します。

　最初から最後まで8分音符で間が少なくて忙しいですが、細かく刻むように入力しましょう。

4　キック / バスドラムの入力

　キック / バスドラムは「Q」キーで入力します。

　裏拍にも入力するので、慣れるまで難しいかもしれないですが、たとえば最初は表拍のみを入力し、それを聞きながら残りの裏拍を入力するという手もあります。

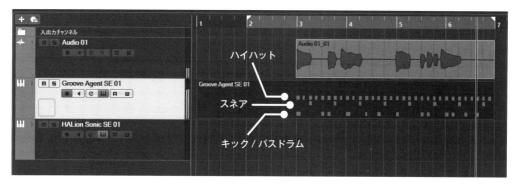

5　入力が終わったら「停止」ボタンをクリックして録音を停止します。

6 誤動作を避けるために、入力がすんだら「×（閉じる）」ボタンをクリックしてオンスクリーンキーボードは閉じておきましょう。

　「MIDI」メニューから「ドラムエディターを開く」をクリックしてドラムエディターを開き、どのような演奏になったかを確認しましょう。

■編集操作

タイミングとパーツの修正

　再生してみてタイミングがあっていない、あるいはパーツがあっていないと思ったら、**Chapter 5「入力した MIDI データの編集方法」**（142 ページ）、**「微細なタイミングのずれを「クオンタイズ」で修正する」**（146 ページ）などを参考に、データを修正します。

　なお、Chapter 5 ではキーエディターで解説していますが、ドラムエディターを使っても同様の修正がおこなえます。違いは、ドラムエディターでは鍵盤ではなくパーツが表示されていることと、ドラムエディターでは音の長さが関係ないことです。

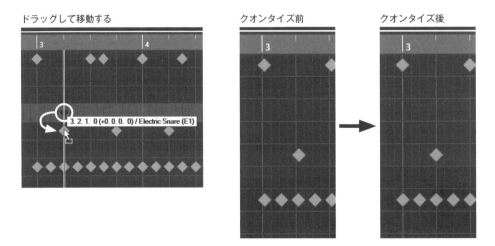

ドラッグして移動する　　　　　クオンタイズ前　　　　　クオンタイズ後

ベロシティで変化をつける

オンスクリーンキーボードではデフォルトではベロシティが 80 に設定されており、どんなに強くキーをたたいても弱くたたいてもベロシティは 80 で入力されます。少しベロシティを調整して、人間らしい演奏にしてみましょう。

ドラムパターンの調整法は、音楽ジャンルなどによっても異なりますが、ロック／ポップスの場合には、

- 2 拍目、4 拍目（つまりここではスネア）を強くする
- キックで、拍の表裏が続いている場合は、裏側のリズムを小さくする

とスムーズな演奏になります。

スネア

2 拍目と 4 拍目が強くなると、ビートがしっかりとするので、パターンが生き生きとしてきます。エディター下のベロシティグラフをドラッグしても調整可能ですが、すべてのスネアを 1 つずつ調整するのは大変なので、一括して調整してしまいましょう。

手 順

1 スネアのデータを囲むようにドラッグしてすべて選択します。

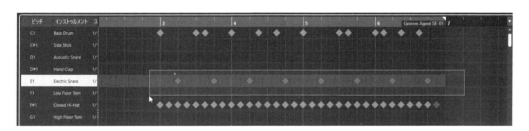

2 「情報ライン」にある「ベロシティ」をダブルクリックして反転させ「120」とタイプして **Enter** キーを押して確定させます。

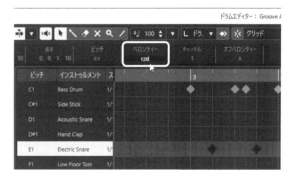

スネアが「タン」から「パン」というように響き、パターンに抑揚がつくようになったはずです。

キックの裏拍を下げる

キックの表裏拍が続いているのは、3小節目の3拍目、5小節目の3拍目、6小節目の1拍目です（292ページ図参照）。

（292ページ図参照）

手順

1 Ctrl キーを押したまま、3小節目の3拍目の裏、5小節目の3拍目の裏、6小節目の1拍目の裏のデータをクリックして選択します。

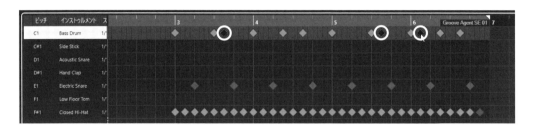

2 「情報ライン」にある「ベロシティ」をダブルクリックして反転させ「55」とタイプして Enter キーを押して確定させます。

キックが「ダダ」と同じ音で続いていたところが「ダド」というようになり、メリハリがついたはずです。

ヒント

情報ラインが表示されていない場合、エディター右上にある「ウィンドウレイアウトの設定」をクリックして、項目から「情報ライン」にチェックを入れてください。

「ウィンドウレイアウトの設定」

ベロシティセンスつきのMIDIキーボードで入力して、思わぬ強さで入力してしまったときには、同じ方法で修正しましょう。また、ベロシティラインをドラッグする調整方法もあります。いくつかのパーツが同じ位置にあるときに、必ず調整したいノートデータをクリックしてから、ドラッグするようにしましょう（**Chapter 4「ベロシティの調整」**〔129ページ〕参照）。

ベーストラックのステップ入力

　ベーストラックは「キーボードステップ入力」という方法を使い、音の高さをオンスクリーンキーボードで指定しながら入力していきます。曲が止まった状態で入力できるので、慌てず確実に入力できるのがメリットです。

■ステップ入力の用意

手順

1 Chapter 2「新規イベントの作成」（50 ページ）を参考に、ベーストラックで3小節目から7小節目の頭まで、4小節分のイベントを作成します。

2 Chapter 2「MIDI エディターの表示」（61 ページ）、「キーエディター」（62 ページ）を参考に、手順1で作成したイベントをキーエディターで開きます。

　これから次のようなベースパートを入力します。画面ではわかりづらいですが、すべてのノートデータは8分音符です。

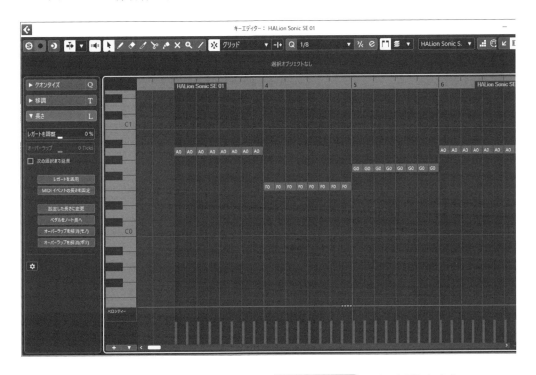

Chapter 11

3 ベースパートなので、低い音域に入力します。キーエディターの鍵盤上でマウスホイールを回転させて C0 ～ C1 が表示されるようにスクロールします（①）。

4 エディターの右上にある「ツールバーを設定」（②）をクリックして、メニューから「MIDIステップ入力」（③）をクリックしてチェックがついた状態にします。

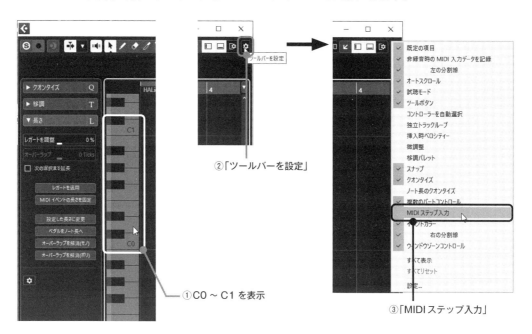

②「ツールバーを設定」

①C0 ～ C1 を表示

③「MIDI ステップ入力」

5 「スタジオ」メニューから「オンスクリーンキーボード」をクリックして、オンスクリーンキーボードを表示します。

6 これから入力するのはベースパートなので、低い音域に設定します。デフォルトでは右から 2 つ目のオクターブスイッチが選択されていますが、左から 2 つ目のオクターブスイッチをクリックして選択します（④）。

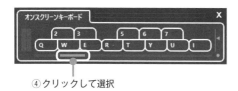

④クリックして選択

7 これまでの操作で、サイクル再生がオンになっている場合にはクリックしてオフにします（⑤）。

⑤オフにする

■ステップ入力の実践

手 順

1 「ステップ入力」（①）をクリックしてオン（点灯）にします。

①「ステップ入力」

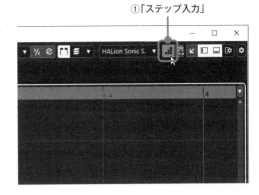

ヒント

ステップ入力が有効になると、オンスクリーンキーボードはもちろんのこと、キーエディターの鍵盤、外部MIDIキーボード（接続している場合）などに触れる/クリックすると、その情報が入力されてしまうので注意しましょう。

2 これから8分音符を入力していきます。クオンタイズプリセットを「1/8」に設定します（②）。

3 これから3小節目に入力するので、キーエディターの3小節目の先頭部分をクリックすると（③）、青いラインが表示されます。

②「1/8」に設定

③3小節目の先頭部分をクリック

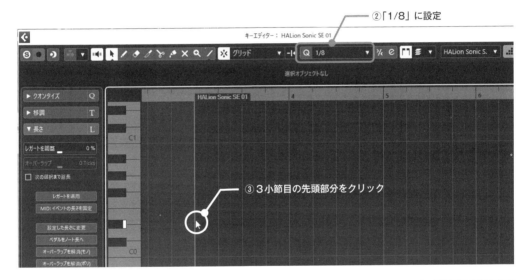

4 3小節目はA（ラ）です。オンスクリーンキーボードの「Y」キーを1回押します。

5 そのまま「Y」キーを7回押して、3小節目をすべて入力します。

6 4小節目はF（ファ）です。オンスクリーンキーボードの「R」キーを8回押します。

7 5小節目は、G（ソ）です。オンスクリーンキーボードの「T」キーを8回押します。

8 6小節目はまたA（ラ）になります。オンスクリーンキーボードの「Y」キーを8回押します。

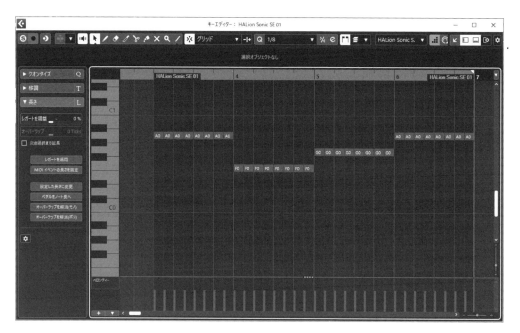

9 入力が終わったら、ステップ入力をオフ（消灯）にします。

④オフにする

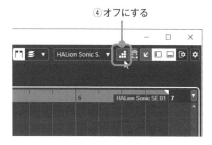

10 オンスクリーンキーボードを閉じます。

■ステップ入力後の修正

ステップ入力では、設定したタイミング（クオンタイズグリッド。ここでは1/8 = 8分音符）にもとづいて入力が微妙なタイミングで入力されることはないので、クオンタイズなどの自動調整操作は必要ないはずです。入力する音を間違えた場合には Chapter 5「1つひとつの音をエディターで修正する」（149ページ）を参考に修正をおこなってください。

確認と構成作り

　これで、ギター、ドラム、ベースの入力が終了しました。キーエディターを閉じて、プロジェクトウィンドウに戻ります。

　できあがったリフをもとに、曲の構成を考えていきます。そのため、イベントの不要な部分を取り除いておきましょう。ここではドラムのイベントの先頭に不要な空きがあります。ドラッグして縮めておきます。

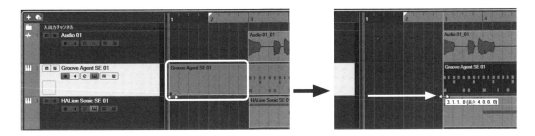

■サイクル再生

　できあがったリフをサイクル再生で連続的に聞くと、いいアイデアが浮かんでくることがあります。

　すでに入力は終了しているので、カウントの部分は必要ありません。サイクル再生の範囲を2小節目からではなく3小節目からに設定しなおしておきましょう。また、テンポのガイドのメトロノームはもう必要ないのでオフにしておきます。

　準備ができたら、「サイクルをオン」をクリックしてオンにして聞いてみましょう。

3小節目からに設定

「サイクルをオン」をオンに

Chapter 11

■全体を長くするために複製する

　構成に変化つけるために、サイクル再生をオフにして、プロジェクトが進んでいくように全体を複製してみましょう

　サイクル再生をオフにしたら、ショートカットの Ctrl + A キーを押してすべてを選択し、Ctrl + D キーを3回押して、合計16小節の長さにします。

　縮小して全体を表示するとこのようになっているはずです。

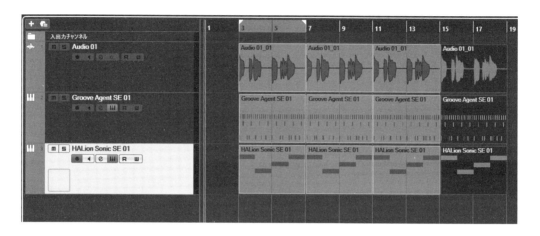

■徐々にパートが入ってくるようにイベントを削除する

　リフを中心とした音楽では、イントロはギターのリフのみで、徐々に他のパートが入ってきて、最後に全パートで演奏したあとに、歌などのメロディがはじまるという展開がよくあります。

　先ほどの複製によりすべてのパートが最初から入っている状態ですが、最初のドラムとベースのイベントを削除することで、この「徐々にパートが加わる」という状態を作ることができます。

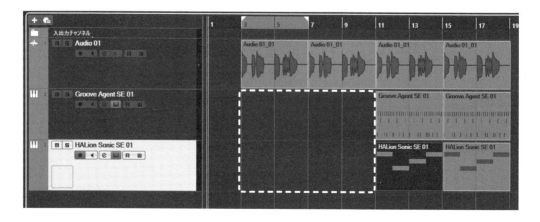

■オカズで生のドラムらしくする

本物のバンドの演奏では、ドラムが入る前にオカズ（フィルイン）を入れることが多いです。Chapter 4「ドラムエディターを使ってドラムパターンを作成する」（126 ページ）を参考に、ドラムの演奏が始まる 1 小節前に次のようなフレーズを作ってみましょう。

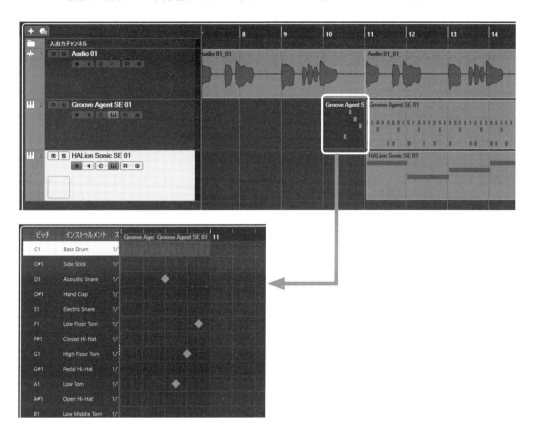

現在は 4 小節を繰り返しているだけですが、ここまでの手順を応用して、続きを作ってみてください。

INDEX

INDEX

INDEX

●著者略歴

目黒真二（めぐろ・しんじ）

音響系専門学校を卒業し、後に米・ロサンゼルスのMI（ミュージシャンズ・インスティテュート）ベース科に留学。帰国後は、ベーシスト／ギタリスト／PAエンジニア／シンセサイザーマニピュレーターとして活動。さまざまなミュージシャンのバックバンド／制作／作編曲に携わる。また、その経験を生かして、音楽制作ライター／映像クリエーター／翻訳者としても活動している。著書に、数々のCubaseシリーズガイドブックの他、『Sound it! 8 活用ガイド』、『現場で役立つPAが基礎からわかる本』（いずれもスタイルノート）など多数。また、自身の経験を元にした『J Boy ～ハリウッドの音楽学校留学記』『インスリン依存性糖尿病を抱えても、なんとか頑張ってます！』（いずれもAmazon Kindle版）も出版している。

基礎からわかる Cubase AI 12/LE 12
——コードトラックや付属ループでカンタン音楽づくり

発行日　2022年7月28日　第1刷発行
著　者　目黒真二
発行人　池田茂樹
発行所　株式会社スタイルノート
　　　　〒185-0021
　　　　東京都国分寺市南町 2-17-9 ARTビル 5F
　　　　電話 042-329-9288
　　　　E-Mail books@stylenote.co.jp
　　　　URL https://www.stylenote.co.jp/

装　丁　又吉るみ子
印　刷　シナノ印刷株式会社
製　本　シナノ印刷株式会社